STARK

KOMPAKT-WISSEN
HAUPTSCHULE

Thomas Killinger • Peter Friedlmeier

Deutsch – Aufsatz

STARK

Bildnachweis
S. 29: © Peter Thulke
S. 43: dreamstime.com/Tomislav Stajduhar
S. 67: nach VDEW/Diaphor/Schuster/f1 online
S. 116: photocase.com/fotografiker

ISBN 978-3-86668-104-0

www.stark-verlag.de

Inhalt

Arbeitsmethoden

Aufsatzarten

Autoren:
Thomas Killinger und Peter Friedlmeier

Vorwort

Liebe Schülerinnen und Schüler,

im Fach Deutsch müsst ihr im Laufe der Jahrgangsstufen 5 bis 10 eine Reihe von **Aufsatzarten** sicher beherrschen. Dabei ist nicht jede Aufsatzart allein für sich zu sehen, sondern viele Aufsatzarten bauen aufeinander auf oder sind Bestandteil einer anderen. So setzt ihr euer Wissen über die Inhaltsangabe beispielsweise auch bei der Erschließung von Texten ein.

Dieses Buch will euch dabei helfen, den sicheren **Überblick** über alle wichtigen Aufsatzarten zu bekommen und zu behalten. Es bietet euch eine kompakte und übersichtliche Darstellung der Aufsatzarten zur **Wiederholung** für **Klassenarbeiten** und für die **Abschlussprüfung**, zur Aufarbeitung von Wissenslücken und zum gezielten **Nachschlagen**, wenn euch etwas unklar ist.

Neben einem Überblick über die **Merkmale jeder Aufsatzart** findet ihr jeweils eine **schrittweise Anleitung** zum Aufsatzschreiben, begleitet durch die Erarbeitung eines Aufsatzes an einem konkreten **Beispiel** und durch viele hilfreiche **TIPPs** (mit ✎ markiert). Durch diesen Aufbau könnt ihr nicht nur euer Wissen auffrischen und gezielt wiederholen, sondern auch üben. Denn die Beispiele sind so angelegt, dass ihr sie Schritt für Schritt auch selbstständig erarbeiten könnt, um sie danach mit den Lösungen im Buch zu vergleichen.

Wir wünschen euch viel Freude und Erfolg mit diesem Buch!

Thomas Killinger | Peter Friedlmeier

Arbeitsmethoden

1 Vorarbeiten

Damit dein Aufsatz gut gelingt, solltest du großen Wert auf deine Vorarbeiten legen. Bevor du mit dem Schreiben beginnst, ist es wichtig,

- dass du das **Thema erschließt** und genau überlegst, was die Aufgabenstellung von dir verlangt,
- dass du alles, was dir zum Thema einfällt, in einer **Stoffsammlung** notierst,
- dass du anschließend deine gesammelten Ideen in eine sinnvolle **Ordnung** bringst, nach der du deinen Aufsatz aufbauen kannst, und
- dass du – insbesondere wenn es in der Aufgabenstellung verlangt ist – eine klar strukturierte **Gliederung** anlegst.

1.1 Das Thema erschließen

Wenn du einen Aufsatz als Schulaufgabe schreiben sollst, ist normalerweise klar, um welche **Aufsatzart** es geht; denn ihr habt euch im Unterricht ausgiebig damit beschäftigt (z. B. mit der Erlebniserzählung). Welche Aufsatzart von dir verlangt wird, kannst du aber auch an der Aufgabenstellung erkennen:

- *Erzähle eine Geschichte zur Überschrift „Mein Hund als bester Freund".*
- *Beschreibe, wie du deinen Hund pflegst.*
- *Erörtere die Vor- und Nachteile, die für dich mit einem eigenen Haustier verbunden sind.*

Sieh dir also die Aufgabenstellung gut an: Hier musst du entweder eine Erlebniserzählung, eine Vorgangsbeschreibung oder eine Erörterung verfassen. Überlege als Erstes, welche **Merkmale** die geforderte Aufsatzart hat. Wichtige Hinweise findest du dazu am Anfang jedes Kapitels.

Ebenso wichtig ist das **Thema des Aufsatzes**. Dazu musst du den Arbeitsauftrag genau analysieren: Schreibe die Aufgabenstellung auf ein eigenes Blatt. Kennzeichne zunächst alle wichtigen Wörter (z. B. durch Einkreisen oder Unterstreichen). Kläre dann mithilfe der W-Fragen, was mit den markierten Stellen jeweils gemeint ist. Achte auch auf die Zusammenhänge innerhalb des Themas. Formuliere nun mit deinen eigenen Worten einen Arbeitsauftrag, mit dem du das Thema genau bearbeiten kannst.

Beschreibe, wie	du	deinen Hund	pflegst.
↓	↓	↓	↓
Welche Aufsatzart?	***Wer?***	***Wen/Was?***	***Welcher Vorgang?***
Vorgangsbeschreibung	*ich selbst*	*meinen Hund*	*füttern, Gassi gehen, streicheln, bürsten*

Arbeitsauftrag in eigenen Worten:
Ich beschreibe den Vorgang, wie ich mich um meinen Hund kümmere (füttern, Gassi gehen, streicheln, bürsten usw.).

Bei umfangreicheren Themenstellungen, z. B. bei einer Erörterung, ist eine ausführlichere **Analyse des Themas** notwendig:
Du zerlegst das Thema in seine Bestandteile und erhältst dadurch Antworten auf die Fragen „Was gibt mir das Thema für Arbeitsaufträge, Denkaufträge bzw. Hinweise?", „Wie ist das Thema aufgebaut?".
Zunächst geht es darum, dass du den **zentralen Begriff** des Themas in der Aufgabenstellung erkennst (Beachte: Manchmal sind es auch mehrere Begriffe). Stelle dir dazu die Frage: „Worum geht es?"

Aufgabenstellung:
Erörtere die Vor- und Nachteile, die für dich mit einem eigenen Haustier verbunden sind.

Der zentrale Begriff ist hier **Haustier**.

Der zentrale Begriff wird in der Aufgabenstellung in der Regel noch genauer festgelegt und eingeschränkt: Er wird **präzisiert**. Dazu musst du dir folgende Fragen stellen: Unter welchen Gesichtspunkten oder in welchen Teilbereichen ist der zentrale Begriff in der Erörterung zu bearbeiten? Wer ist/sind der/die Betroffene/n?

TIPP: Durch diese Präzisierung erfährst du genau, wie du dich mit dem Thema auseinandersetzen musst.

Präzisierungen: ***für dich, eigenes*** *Haustier*
Dies zeigt: Du sollst dich nur auf ein eigenes Haustier beziehen und kannst von deinen ***eigenen Erfahrungen*** *ausgehen.*
Es ist also ***nicht*** *notwendig, dass du das Thema Vor- und Nachteile eines Haustiers* ***allgemein*** *darstellst.*

Gesichtspunkte einer **Auseinandersetzung mit dem präzisierten Thema** können sein: Möglichkeiten, Gefahren, Vorteile, Nachteile, Gründe, Chancen, Risiken, Erwartungen, Aspekte oder Motive für bzw. gegen etwas usw. Oft ist es notwendig, dass du die Aufgabenstellung mithilfe von einfachen Begriffen umformulierst.

Die Aufgabenstellung verlangt, dass du die ***Vor- und Nachteile*** *eines eigenen Haustiers* ***erörterst.***
Das heißt, du musst ***Argumente*** *für beide Seiten (Vor- und Nachteile) finden und zu einem abschließenden begründeten* ***Ergebnis*** *gelangen.*

Abschließend solltest du den **Arbeitsauftrag** noch einmal für dich **neu formulieren**. Damit stellst du sicher, dass du die Aufgabenstellung genau verstanden hast.

Arbeitsauftrag in eigenen Worten:
Welche Vorteile und welche Nachteile ergeben sich für mich, wenn ich ein eigenes Haustier habe?

1.2 Stoffsammlung

Eine **Stoffsammlung** ist entscheidend für einen anschaulichen und überzeugenden Aufsatz. Hier sammelst du Ideen, Inhalte und Einzelheiten für deinen Aufsatz – ganz gleich, ob es eine Erzählung oder eine Erörterung ist. Ohne Stoffsammlung riskierst du, dass dir wichtige Einzelheiten gar nicht bewusst werden oder dass dir beim Schreiben nichts mehr einfällt und du vor einem leeren Blatt sitzt.

W-Fragen

Eine Stoffsammlung kannst du auf verschiedene Art und Weise anfertigen. Eine Möglichkeit ist, mithilfe der **W-Fragen** Wer?, Wo?, Wann?, Was (ereignet sich)?, Wie?, Warum?, Welche Folgen? Wodurch? usw. an das Thema heranzugehen und es **immer weiter zu hinterfragen**. Dabei kannst du bereits das Thema strukturieren und erhältst viel Material für die Ausarbeitung des Aufsatzes.
W-Fragen eignen sich für die Stoffsammlung nicht nur bei Erörterungen, sondern auch bei anderen Aufsatzarten, z. B. bei einer Erzählung.

TIPP: W-Fragen können dir vielfach auch bei der **Stoffordnung** helfen. Vergleiche dazu die Abschnitte zur Stoffsammlung und -ordnung in den jeweiligen Kapiteln zu den einzelnen Aufsatzarten.

W-Fragen bei einer Erzählung:
Wer ist beteiligt? Wann und wo geschieht etwas? Was geschieht? Wie geschieht es? Was passiert als Nächstes? Warum geschieht etwas? Wie fühlen sich die Beteiligten? Welche Folgen ergeben sich aus dem Geschehen? usw.

Stichwortliste

Eine weitere Möglichkeit stellt die zunächst noch **ungeordnete Stoffsammlung** dar, bei der du alles **auflistest**, was dir zum Thema einfällt.

Aufgabenstellung:
Schreibe eine Erlebniserzählung mit dem Titel „Ein Urlaubstag mit Schrecken".

Stichwortliste:
- *weite, sandige Bucht*
- *heißer Tag*
- *Luftmatratze, Sonnenschirm, Getränke*
- *Autofahrt zur Bucht*
- *immer nur schwimmen war langweilig*
- *Bruder um Längen geschlagen*
- *Quallen, rötliche unappetitliche Tiere*
- *immer mehr Menschen verlassen das Meer*
- *plötzlich ist mein Vater da*
- *Panik zu ertrinken*

Cluster

Eine unstrukturierte, aber kreative Technik, Ideen zu entwickeln, ist auch das „**Clustering**". Ein Cluster bedeutet „Haufen". Hier steht das Thema in der Mitte und du notierst nach allen Seiten, was dir dazu einfällt, kreist jedes Stichwort ein und verbindest es mit dem Thema. Zu den einzelnen eingekreisten Stichwörtern kannst du auf gleiche Weise weitere Einfälle notieren. Zu jedem gefundenen Begriff können sich weitere Stichwortkreise ergeben. Schließlich verfügst du über einen umfangreichen „Haufen" an Einfällen und Ideen für die weitere Planung deines Aufsatzes.

TIPP: Das Clustering ist eine besonders hilfreiche Methode zur Ideenfindung und du solltest auch Einfälle aufnehmen, die dir auf den ersten Blick unpassend erscheinen. Möglicherweise benötigst du gerade diese Ideen für einen anschaulichen und überzeugenden Aufsatz.

Aufgabenstellung:
Erörtere die Vor- und Nachteile, die für dich mit einem eigenen Haustier verbunden sind.
Cluster:

Die „Cluster-Technik" eignet sich auch zur Stoffsammlung bei anderen Aufsatzarten, z. B. bei der Erlebniserzählung.

Aufgabenstellung:
Schreibe eine Erlebniserzählung zum Thema „Verschlafen".
Cluster:

1.3 Stoffordnung

Einfache Stoffordnung

Eine sinnvolle Stoffordnung ist für einen gelungenen Aufsatz unbedingt notwendig. Jeder Aufsatz besteht aus Einleitung, Hauptteil und Schluss. In der **Einleitung** führst du zum Thema hin, mit dem **Schluss** rundest du am Ende das Thema ab. Der **Hauptteil**, in dem du dich ausführlich mit dem Thema auseinandersetzt, sollte eine klar geordnete Struktur haben, die du dir vor dem Schreiben genau überlegst.

TIPP: Bei einer Erzählung genügt in der Regel eine einfache Stoffordnung, in der du die **Reihenfolge** der Erzählschritte festlegst.

Aufgabenstellung:
Schreibe eine Erlebniserzählung zum Thema „Verschlafen".

Reihenfolge der Erzählschritte:
Einleitung: *Montag früh, Blick auf die Uhr*
Hauptteil:
1 Katzenwäsche
2 kein Frühstück
3 ungepackter Schulranzen
4 kein Bus
5 Dauerlauf durch ruhige Straßen
6 Punkt 8 Uhr
7 verschlossene Schultür
8 Feiertag!
Schluss: *gehe lachend nach Hause*

Stoffordnung mithilfe von Oberbegriffen

Vor allem bei umfangreicheren Aufgabenstellungen – wie z. B. bei einer Erörterung – ist eine sinnvolle Stoffordnung der Begriffe notwendig, die du in deiner Stoffsammlung erarbeitet hast. Kennzeichne inhaltlich **zusammenpassende Begriffe** (z. B. mit gleichen Farben oder Symbolen) und versuche anschließend passende **Oberbegriffe** zu bilden.

Aufgabenstellung:
Erörtere die Vor- und Nachteile, die für dich mit einem eigenen Haustier verbunden sind.

Vorteile	***Oberbegriffe***
○ *große Anhänglichkeit* ○ *Mittel gegen Langeweile* ○ *Bewegung an der frischen Luft* ○ *treue Freundschaft* ○ *Trost in schwierigen Lagen*	*persönlich*
□ *Übernahme von Verantwortung bei Pflege und Versorgung* □ *Respekt und Achtung vor Tieren* □ *Übernahme erzieherischer Verantwortung*	*ideell/geistig*
Nachteile	
◆ *Kosten für Anschaffung und Ausstattung* ◆ *Kosten für Pflege und Futter* ◆ *Aufwendungen für medizinische Versorgung*	*finanziell*
▲ *hoher Zeitaufwand für Pflege und Versorgung* ▲ *Verzicht auf bestimmte Freizeitunternehmungen* ▲ *Organisation einer Urlaubsbetreuung*	*persönlich*

TIPP: Oft bewähren sich auch einfache **Begriffsreihen**, um den Stoff nach gleichwertigen Oberbegriffen in Bereiche zu ordnen, z. B.
- körperlich/geistig/seelisch
- der Einzelne/die Gruppe/Einrichtungen/der Staat/die Gesellschaft
- individuell/allgemein
- der Einzelne/die Familie/die Gesellschaft
- Politik/Wirtschaft/Kultur/Wissenschaft
- persönlich/wirtschaftlich/sozial/politisch
- materiell/ideell (bzw. geistig) usw.

Mindmap

Eine Weiterentwicklung des Clusters stellt die **Mindmap** dar: Sie ist nichts anderes als eine strukturierte Gedankenlandkarte, in deren Mittelpunkt das Thema oder ein aussagekräftiger Begriff aus dem Thema steht. Von dort verzweigen sich Äste mit den Schlüsselwörtern (bei der Erörterung z. B. Bereiche, Betroffene), die sich dann in Zweige (Maßnahmen, Gründe, Motive, Aspekte, Einflüsse usw.) aufgliedern, die die Unterpunkte der späteren Gliederung darstellen. Zusätzlich kannst du deine Mindmap mit Symbolen und Bildern veranschaulichen.

Aufgabenstellung:
Erörtere die Vor- und Nachteile, die für dich mit einem eigenen Haustier verbunden sind.

Mindmap:

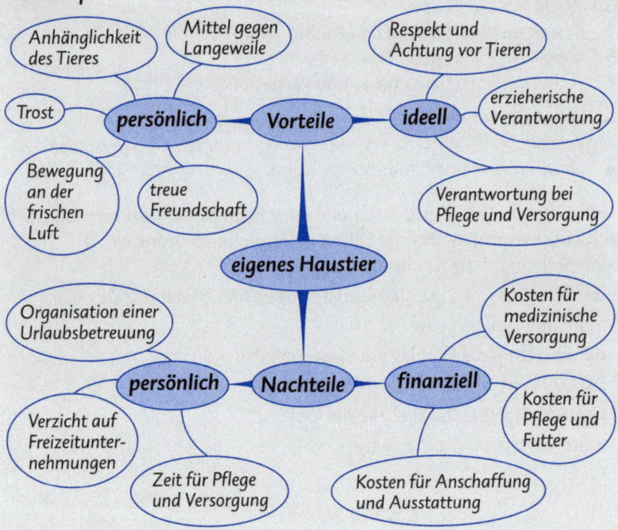

TIPP: Eine Mindmap ist auch möglich, wenn du z. B. eine Erzählung planst. Du kannst die Einzelheiten und Erzählschritte im Uhrzeigersinn anordnen. Diese Methode empfiehlt sich für alle ähnlich aufgebauten Aufsatzarten, erst recht wenn du innerhalb des Hauptteils eine ganz klare Struktur erfüllen musst, z. B. in Form von Handlungs-, Beschreibungs- oder Vorgangsschritten.

1.4 Gliederung

Wenn in der Aufgabenstellung eine Gliederung verlangt ist, die du zusammen mit dem Aufsatz abgeben musst, solltest du Wert auf die **Formulierung** und die **äußere Form** der Gliederung legen.

TIPP: Eine sorgfältig ausgearbeitete Gliederung ist für dich ein idealer **Arbeitsplan** beim Schreiben des Aufsatzes und zugleich auch für den Leser eine **Orientierungshilfe** – sie ist also eine Art Inhaltsverzeichnis.

Mit der Gliederung weist du auch nach, dass du das Thema in allen wichtigen Bestandteilen erfasst und inhaltlich sinnvoll und überzeugend aufbereitet hast.

Jede Gliederung besteht aus **drei Teilen:**
Einleitungsgedanke
Hauptteil
Schlussgedanke

Der **Einleitungs-** und der **Schlussgedanke** können als **Satz** formuliert werden, alle Punkte des **Hauptteils** nicht in ganzen Sätzen. Vermeide Gliederungspunkte, die nur aus einem Wort bestehen, und bemühe dich, möglichst einheitlich zu formulieren.

In der Gliederung gelten folgende Regeln für **Satzschlusszeichen:**
- Wie bei einer Überschrift wird ein Aussagesatz ohne Punkt beendet (außer es folgt ein zweiter Satz).
- Ausrufe- und Fragezeichen werden dagegen gesetzt.

Den **Hauptteil** der Gliederung ordnest du in **Ober- und Unterpunkte**. Dabei spielt die Bedeutung der Punkte für das Thema eine Rolle. Das heißt, die weniger wichtigen Punkte kommen zuerst, die wichtigen zuletzt. Dies sollte nach Möglichkeit auch für die Reihenfolge der Unterpunkte gelten. Man nennt dies eine aufsteigende Aneinanderreihung. Auf diese Weise ist deine Argumentation überzeugender, denn die letztgenannten Argumente bleiben beim Leser am besten haften. Die Oberpunkte erhalten eine fortlaufende arabische Ziffer (1., 2., 3. …), den Unterpunkten weist du fortlaufende Kleinbuchstaben zu (a, b, c …).

Aufgabenstellung:
Erörtere die Vor- und Nachteile, die für dich mit einem eigenen Haustier verbunden sind.

Gliederung:

Einleitung

Viele meiner Klassenkameraden besitzen einen Hund

Hauptteil

Welche Vor- und Nachteile sind für mich mit einem eigenen Haustier verbunden?

1 *Vorteile eines eigenen Haustiers*
   - a) *Große Anhänglichkeit des Tieres*
   - b) *Mittel gegen Langeweile*
   - c) *Bewegung an der frischen Luft*
   - d) *Treue Freundschaft*
   - e) *Trost in schwierigen Lagen*
   - f) *Respekt und Achtung vor Tieren*
   - g) *Übernahme erzieherischer Verantwortung*
   - h) *Übernahme von Verantwortung bei Pflege und Versorgung*

2 *Nachteile eines eigenen Haustiers*
   - a) *Kosten für Anschaffung und Ausstattung*
   - b) *Aufwendungen für medizinische Versorgung*
   - c) *Kosten für Pflege und Futter*
   - d) *Organisation einer Urlaubsbetreuung*
   - e) *Verzicht auf bestimmte Freizeitunternehmungen*
   - f) *Hoher Zeitaufwand für Pflege und Versorgung*

Schluss

Der zeitliche Aufwand für ein Haustier wird durch die treue Freundschaft und Anhänglichkeit mehr als aufgewogen

2 Den Aufsatz schreiben

2.1 Einleitung

Deinen Aufsatz beginnst du mit einem **Einleitungsgedanken**. Darin führst du kurz und knapp zum Thema deines Aufsatzes hin. Die Einleitung soll grundsätzlich das **Interesse des Lesers** für deine Arbeit oder für das Thema wecken und ihn auf deinen Aufsatz aufmerksam machen. Schon der erste Satz entscheidet oft darüber, ob jemand weiterliest oder nicht. Je nach Aufsatzart kannst du dies erreichen durch

- ein persönliches Erlebnis,
- ein aktuelles oder historisches Beispiel,
- ein Zitat,
- eine Begriffsbestimmung,
- eine Begründung/Eingrenzung des Themas,
- die Formulierung einer Fragestellung,
- die Beantwortung der W-Fragen (z. B. bei Bericht, Inhaltsangabe)
- allgemeine Informationen zum Autor, zum Text (Titel, Textquelle) und ggf. auch zur Entstehungsgeschichte des Textes.

Dem Einleitungsgedanken sollte eine knappe **Überleitung** zum Hauptteil folgen.

TIPP: Achte darauf, nichts aus dem Hauptteil (z. B. Handlung oder Argumente) vorwegzunehmen.

2.2 Hauptteil

Der Hauptteil ist die **Ausführung** deines Aufsatzes als zusammenhängender Text. Hier kannst du erzählen, berichten, einen vorgegebenen Text analysieren und interpretieren, deine Thesen festlegen, deine Ergebnisse darlegen, Problemlösungen anbieten oder argumentieren, je nach den Anforderungen der Aufsatzart.
Achte dabei darauf, die **Reihenfolge** deiner **Gliederung** einzuhalten.

TIPP: Markiere auf deinem Konzeptblatt („Schmierzettel“) jeden im Aufsatz fertig abgehandelten **Gliederungspunkt** (z. B. durch Abhaken, Durchstreichen). So stellst du sicher, dass du alle Gliederungspunkte berücksichtigst und den Überblick behältst.

2.3 Schluss

Mit einem Schlussgedanken rundest du deinen Aufsatz sinnvoll ab. Je nach Aufsatzart

- nennst du hier noch einmal die wesentlichen **Ergebnisse (Zusammenfassung)**,
- zeigst, welche **Schlussfolgerungen** sich ziehen lassen oder welche **Fragestellungen** sich noch ergeben könnten **(Ausblick)**
- oder formulierst das **Ende** der Geschichte (z. B. bei einer Erzählung).

TIPP: Achte auch im Schlussteil darauf, dass du nichts aus dem Hauptteil wiederholst bzw. keine neuen Aspekte zum Thema bringst.

Aufsatzbeispiele mit Einleitung, Hauptteil und Schluss findest du in den Kapiteln zu den einzelnen Aufsatzformen.

2.4 Äußere Form

Auch das **äußere Erscheinungsbild** deines Aufsatzes ist wichtig und geht in die Bewertung mit ein. Das bedeutet, dass du

- grundsätzlich **sauber** und **leserlich** schreibst,
- über deinen Aufsatz das **Thema** bzw. eine **Überschrift** notierst,
- deinen Aufsatz mithilfe von **Absätzen** gliederst: Beginne Einleitung, Hauptteil und Schluss jeweils mit einem neuen Absatz. Bei umfangreicheren Arbeiten solltest du deinen Gedankengang auch innerhalb des Hauptteils durch Absätze kennzeichnen, indem du für jeden Gedankengang (Gliederungspunkt) einen eigenen Absatz machst.

TIPP: Bedenke auch, **wofür** dein Aufsatz gedacht ist. Einen Schulaufgabenaufsatz wirst du anders gestalten als einen Aufsatz als Beitrag zu einer Wandzeitung in der Schule oder für den Jahresbericht.

Wenn nötig, kannst du auch in der Reinschrift etwas streichen, ändern und verbessern. Dies wird dir nicht als Fehler angerechnet. Wichtig ist nur, dass du deine **Korrekturen** sauber und klar ausführst.

3 Den Aufsatz überarbeiten

Wenn du deinen Aufsatz fertig verfasst hast, musst du ihn unbedingt nochmals überarbeiten. So kannst du z. B. sicherstellen, dass du an alle Teilbereiche deiner Arbeit gedacht hast und nichts Wesentliches weggelassen hast. Im Einzelnen prüfst du dabei die folgenden Punkte:

- Hast du alle Vorgaben der **Aufgabenstellung** beachtet?
- Sind die Kriterien der jeweiligen **Aufsatzart** erfüllt?
- Hast du dich genau auf das **Thema** bezogen und alle Teilbereiche einbezogen?
- Hast du die einzelnen Teile sinnvoll **angeordnet**?
- Hast du die einzelnen **Gliederungspunkte** umgesetzt und in etwa gleichgewichtig ausgeführt?
- Sind die **Übergänge** zwischen den Absätzen passend?
- Schau dir nochmals genau die **Einleitung** und den **Schluss** deiner Arbeit an: Führt die Einleitung zum Thema hin? Rundet der Schluss die Arbeit ab? Gehst du hier auf etwas ein, was eigentlich in den Hauptteil gehört?
- Bei **Beschreibungen:** Wurden Fachbegriffe ausreichend erläutert?
- Bei **Erörterungen:** Ist die Argumentation lückenlos?
- Bei **Erörterungen** und **Textbeschreibungen:** Sind Fakten und deine eigene Meinung klar zu unterscheiden?
- Hast du alle **Belege** und **Textstellen** korrekt aufgeführt und zitiert?

Überprüfe grundsätzlich noch einmal deine Rechtschreibung, Zeichensetzung, Grammatik und deinen Ausdruck:

- Sind alle **Wörter korrekt geschrieben** (Groß- und Kleinschreibung, s-Laute, Getrennt- und Zusammenschreibung usw.)? Falls du unsicher bist, schlage ggf. in einem Wörterbuch nach.
- Sind alle **Satzzeichen** korrekt gesetzt (Satzschlusszeichen, Kommasetzung, Anführungszeichen bei der wörtlichen Rede usw.)?
- Sind alle Formen **grammatikalisch richtig** (z. B. „dem" oder „den")? Sind alle Sätze vollständig?
- Bei **indirekter Rede:** Sind die Konjunktivformen korrekt?
- Ist deine **Wortwahl** abwechslungsreich und anschaulich? Gibt es Wiederholungen bei den Satzanfängen?

4 Aus Texten zitieren

Bei der Arbeit mit Texten, besonders beim **Analysieren und Interpretieren von Texten**, musst du richtig zitieren können. Dazu sind hier kurz die wichtigsten **Zitierregeln** zusammengefasst.

4.1 Anführungszeichen setzen

Alles, was aus einem Text wörtlich wiedergegeben wird, steht grundsätzlich in **Anführungszeichen**. Beachte dabei, dass dein Zitat genau mit dem **Wortlaut** aus der Quelle übereinstimmt.
Anführungszeichen stehen vor und hinter der **zitierten Äußerung**, aber auch vor und hinter **Überschriften**, Buch-, Film- und Gedichttiteln sowie Namen von Zeitungen und Zeitschriften.

Der Experte warnte: „Mit der Verlangsamung und dem Versiegen des Golfstroms wird für West- und Nordeuropa eine deutliche Abkühlung in Richtung Eiszeit sehr wahrscheinlich."
Die letzte Deutschstunde beschäftigte sich mit Goethes „Erlkönig".
In der „Passauer Neuen Presse" findet man unter der Rubrik „Moment mal" jeden Tag mehrere Kommentare.

Durch Anführungszeichen können aber auch **einzelne Wörter** oder **Wortgruppen** hervorgehoben werden.

Der im Deutschen geprägte Begriff „Handy" findet im Englischen seine Entsprechung im Begriff „mobile phone".

Willst du ein Zitat innerhalb eines Zitats kenntlich machen, musst du so genannte **halbe Anführungszeichen** benutzen.

Er sagte: „Die richtigen Zitierregeln finden sich im Kapitel ‚Aus Texten zitieren' auf den nachfolgenden Seiten."

4.2 Textquelle angeben

Wenn du aus einem Text zitierst, musst du auch die genaue **Textstelle** nach dem Zitat angeben. Liegt dir nur ein Text vor, reicht die Angabe von **Zeile** (Z.), **Vers** (V., bei Gedichten) und ggf. **Seitenzahl** (S., bei mehrseitigen Texten) aus, die du nach dem Zitat in Klammern anführst.

Der Text enthält eine Reihe von Nominalisierungen, z. B. „das Wehklagen" (Z. 9) und „das technisch Machbare" (Z. 25).

Ist jedoch nicht ganz eindeutig, auf welchen Text sich das Zitat bezieht – z. B. wenn du aus mehreren verschiedenen Texten zitierst –, dann musst du die genaue **Textquelle** in Klammern nach dem Zitat angeben. Sie besteht in der Regel aus: Autor, Titel, evtl. Auflage, Verlag, Ort, Jahr, Seitenzahl und ggf. Zeilen-/Versangabe.

Uwe Timm: Die Entdeckung der Currywurst. Novelle. 7. Aufl. dtv: München 2004, S. 146.

Wenn das Zitat **über mehrere Zeilen** geht, gibst du Anfang und Ende der Textstelle an. Wenn ein Zitat über zwei Zeilen geht, schreibst du so: Z. 3 f. (für Zeile 3 und die folgende Zeile).

Der Verfasser des Kommentars prophezeit das Ende des Skisports: „Es kann kein Sport auf Dauer aushalten, wenn die Verletztenliste länger ist als die der Sieger" (Z. 26 f.).
Denn die „ganze Branche" hat sich „einer unheiligen Allianz aus hightech-versessenen Herstellern, showhungrigen Rechteverwertern und gewissens-armen Funktionären ausgeliefert" (Z. 21–23).

Wenn du eine längere Textpassage nur **teilweise zitieren** möchtest, musst du die Auslassungen durch [...] kennzeichnen.

Heftig kritisiert der Autor die Verantwortlichen: „Es kann nicht sein, dass der Skisport zur Fressmaschine für Athleten verkommt, weil sich eine ganze Branche [...] gewissensarmen Funktionären ausgeliefert hat." (Z. 19–23)

Überschriften, **Titel** oder **Zeitungsnamen** führst du ohne Zeilen- oder Seitenangaben an.

Der Kommentar „Fressmaschine Skisport" erschien am 14. 12. 2005 in der „Passauer Neuen Presse".

4.3 Zitate in Sätze einbinden

Du hast mehrere Möglichkeiten, zitierte Stellen in deinen Text einzubauen. Du kannst ein **Zitat mit einem Begleitsatz einleiten**. Das Zitat folgt dann auf einen Doppelpunkt am Ende des Begleitsatzes.

Der Autor fragt: „Was sind Abfahrten ohne 70-Meter-Sprünge?" (Z. 1 f.)

Oder du führst den **Begleitsatz nach dem Zitat** an. Das Zitat wird dann mit einem Komma vom Begleitsatz abgetrennt (Der Satzschlusspunkt beim Zitat entfällt dann, nicht jedoch ein Frage- oder Ausrufezeichen am Ende des Zitats).

„Was sind Abfahrten ohne 70-Meter-Sprünge?" (Z. 1 f.), fragt der Autor.

Der **Redebegleitsatz** kann aber auch **in das Zitat eingefügt** werden. Vor und nach dem Begleitsatz steht dann jeweils ein Komma.

„Was sind", fragt der Autor, „Abfahrten ohne 70-Meter-Sprünge?" (Z. 1 f.).

Im umgekehrten Fall kannst du ein **Zitat** auch **in den Redebegleitsatz einfügen**. Dann musst du ein Komma nach dem Begleitsatz setzen.

Der Autor fragt: „Was sind Abfahrten ohne 70-Meter-Sprünge?" (Z. 1 f.), und lässt die Antwort offen.

TIPP: Natürlich kannst du ein Zitat, mit dem du eine Aussage belegen willst, auch direkt nach der Aussage in Klammern anführen. Eleganter ist es jedoch, wenn du das Zitat in deinen eigenen Satzbau einbindest (siehe Beispiele oben).

Aufsatzarten

1 Erzählen

Wenn Menschen sich treffen, erzählen sie sich gerne **interessante** oder **spannende Geschichten**. Es geht dabei dem, der erzählt, weniger darum, die anderen über ein Ereignis zu informieren. Vielmehr will er, dass den Zuhörern/Lesern die anschauliche und lebendige Wiedergabe des Geschehens Vergnügen bereitet und sie voller Spannung seinen Worten folgen. Das Ziel des Erzählens ist also die **Unterhaltung**.
Vom Aufbau unterscheiden sich mündliches und schriftliches Erzählen nicht, wobei du jedoch bei der mündlichen Erzählung spontaner vorgehen und zusätzlich Mimik, Gestik und Sprechweise einsetzen kannst.

Merkmale des Erzählens

Der **Aufbau** einer Erzählung gliedert sich in Einleitung, Hauptteil und Schluss (→ „Wie gehst du beim Erzählen vor?", S. 18 f.) und folgt einem **Spannungsbogen**, der Schritt für Schritt zum Höhepunkt am Ende des Hauptteils hinführt und danach schnell abbricht.

Wenn nicht vorgegeben, formulierst du selbst eine **Überschrift**, die den Leser auf die Erzählung neugierig macht.

Die Zeitstufe des Erzählens ist in der Regel das **Präteritum:**

- Ein **vorzeitiges** Geschehen gibst du im **Plusquamperfekt** wieder.
- Beim **Höhepunkt** wechselst du zur Spannungssteigerung ins **Präsens**.

Für eine spannende und anschauliche Erzählung sind vor allem folgende sprachliche Mittel wichtig:

- Schreibe in der **Ich-Form** (wenn du etwas aus deiner Sicht erzählst).
- Verwende **anschauliche Verben** und **Adjektive**.
- Beschreibe möglichst viele **Einzelheiten**.
- Gehe auch auf **Gefühle** und **Gedanken** ein, um das Geschehen zu verdeutlichen.
- Die **wörtliche Rede** setzt du vor allem dort ein, wo du das Geschehen möglichst lebendig gestalten willst. Achte dabei auf anschauliche Verben in den Begleitsätzen (statt *er/sie sagte* besser *er/sie murmelte/ stotterte/flüsterte/schrie/ächzte/…*).

Spannungsbogen (Aufbau einer Erzählung)

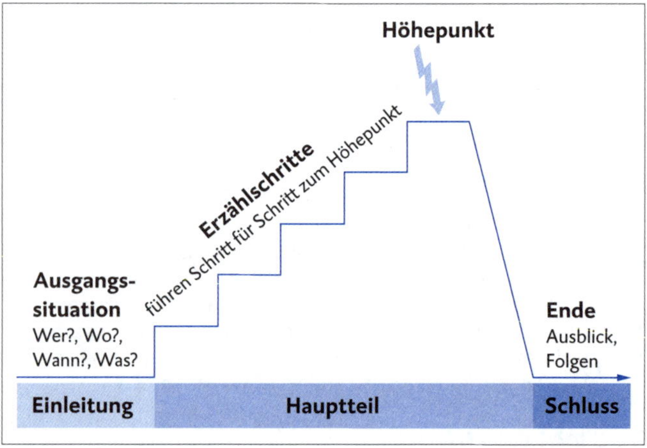

Wie gehst du beim Erzählen vor?

1 Stoffsammlung

Mithilfe eines **Clusters** oder einer **Stichwortliste** sammelst du deine Ideen zum vorgegebenen Erzählthema (→ Arbeitsmethoden, S. 4 f.).

2 Stoffordnung

Die **Erzählschritte** planst du in einer sinnvollen Reihenfolge unter Verwendung von W-Fragen oder auch in Form einer Mindmap (→ Arbeitsmethoden, S. 3 f., 8).

3 Einleitung

Zunächst führst du in die **Situation** des Geschehens ein und gibst Hinweise auf die **Vorgeschichte** und **Zusammenhänge**, die für das Verständnis der Handlung wichtig sind.
Dazu beantwortest du die zentralen **W-Fragen: Wer** war beteiligt? – **Wo** ereignete sich das Geschehen? – **Wann** ereignete es sich? – **Was** passierte (vorher)?

TIPP: Verrate hier nicht zu viel! Deute das Geschehen nur an und wecke damit die Neugier des Lesers auf die anschließende Geschichte.

4 Hauptteil

In einzelnen **Erzählschritten** führst du zum **Höhepunkt** hin und steigerst so Schritt für Schritt die Spannung.
Zur **Ausgestaltung der einzelnen Erzählschritte** beantwortest du weitere W-Fragen: Was geschah jeweils genau? – Wie kam es dazu? – Wie verhielten sich die Beteiligten dabei? – Was dachten und fühlten sie? – Was sprachen sie? – Wie sprachen sie? – Wie bewegten sie sich? – Welchen Gesichtsausdruck hatten sie? usw.
Beziehe dich dabei immer auf das **Hauptereignis** und beachte den **Spannungsbogen:** Der Höhepunkt, der erst am Ende des Hauptteils steht, ist das Ziel deiner Erzählung!

Achte bei der **sprachlichen Gestaltung des Hauptteils** vor allem darauf, dass du

- Gefühle, Stimmungen und Gedanken anschaulich darstellst,
- auf möglichst viele Einzelheiten (z. B. Wetter) eingehst,
- Gegenstände und Personen genau beschreibst,
- dafür anschauliche, lebendige Verben und Adjektive wählst und z. B. Vergleiche anstellst,
- Gespräche in direkter Rede wiedergibst und dabei in den Begleitsätzen treffsichere Verben verwendest,
- beim Höhepunkt ins Präsens wechselst (Spannungssteigerung) und
- kurze Sätze an besonders spannenden Stellen oder für schnelle Vorgänge formulierst.

5 Schluss

Im Schlussteil gibst du einen kurzen **Ausblick**, z. B. auf die Folgen des Geschehens, oder erklärst abschließend das Geschehen mit wenigen Worten. Möglich ist auch, dass du das Verhalten der Beteiligten **nach dem Höhepunkt** der Handlung beschreibst (letzter Erzählschritt). Den Schlussteil formulierst du natürlich wieder im Präteritum.

6 Überschrift

Wenn in der Aufgabenstellung keine Überschrift vorgegeben ist, musst du selbst eine Überschrift formulieren. Beachte dabei, dass die Überschrift **gut zum Thema passt**, so wenig wie möglich, aber so viel wie nötig verrät und die **Neugier des Lesers** auf deine Erzählung weckt.

1.1 Erlebnisse erzählen

Eine Erlebniserzählung verfasst du, wenn du ein **besonders aufregendes Geschehen**, das du selbst erlebt hast (z. B. ein Erlebnis aus deinen Ferien), spannend und anschaulich wiedergibst.
Halte dich dabei an die „Merkmale des Erzählens" und die Hinweise „Wie gehst du beim Erzählen vor?" (→ S. 17–19).

Wie gehst du bei einer Erlebniserzählung vor?

Aufgabenstellung:
Schreibe eine Erlebniserzählung zum Thema „Ein Urlaubstag mit Schrecken". Formuliere dazu eine geeignete Überschrift.

1 Stoffsammlung

Anhand einer **Stichwortliste** kannst du zuerst alle Gedanken notieren, die dir zum Thema „Ein Urlaubstag mit Schrecken" einfallen. Ebenso könntest du deine Ideen mithilfe eines Clusters sammeln (→ S. 4).

weite, sandige Bucht – seichtes Wasser – letzte Sommerferien – Luftmatratze – meine Eltern und mein Bruder – Mallorca – heißer Tag – Wind vom Meer – erster Urlaubstag, am Vormittag – Sonnenschirm, Getränke – idealer Badetag – Autofahrt zur Bucht – Spiele am Strand – Löcher buddeln, mit Sand bewerfen – immer nur schwimmen war langweilig – aufgeregtes Winken und Schreien der Eltern – Wettrennen auf Luftmatratzen – Bruder um Längen geschlagen – Bruder kehrte um und lief aus dem Wasser – viele Menschen am Strand, schauten ins Wasser – Quallen, rötliche unappetitliche Tiere – Quallen näherten sich unbemerkt – Panik, traute mich nicht mehr, mich zu bewegen – immer mehr Menschen verließen das Meer – Hilferuf, will winken, falle von der Luftmatratze ins Wasser – es brennt ganz fürchterlich am Unterschenkel – plötzlich war mein Vater da – Vater zog mich auf der Luftmatratze bis zum Strand – Schmerzen bald vorbei

2 Stoffordnung

Danach legst du die **Erzählschritte**, also die Reihenfolge des Geschehens, fest. Dabei helfen dir die **W-Fragen:** Wer?, Wo?, Wann?, Was geschah als Erstes?, Was ereignete sich als Nächstes?, Welche Folgen traten ein? Auf diese Weise stellst du sicher, dass du dem zeitlichen und logischen Ablauf folgst und an alle wichtigen Einzelheiten denkst.

TIPP: Behalte dabei stets den **Höhepunkt** der Erzählung im Blick. Denn eine gut durchdachte Stoffordnung ist dein roter Faden zum Höhepunkt.

Wer? *meine Eltern und mein Bruder, ich*

Wo? *Mallorca*

Wann? *letzte Sommerferien, erster Urlaubstag*

Was geschah als Erstes? (Erzählschritte 1 bis 3)

1 *eiliger Aufbruch am Morgen*
2 *Autofahrt zu einer sandigen Bucht mit seichtem glasklaren Wasser*
3 *Sonnenschirm, Getränke, Luftmatratze, erholsamer Badetag*

Was ereignete sich als Nächstes? (Erzählschritte 4 bis 10)

4 *Spiele am Strand, Löcher buddeln, mit Sand bewerfen*
5 *immer nur schwimmen war langweilig, Wettrennen auf Luftmatratzen, Bruder um Längen geschlagen*
6 *Bruder kehrte um und lief aus dem Wasser*
7 *aufgeregtes Winken und Schreien der Eltern, viele Menschen am Strand schauten ins Wasser, immer mehr Menschen verließen das Meer, Verwirrung und erste Angst*
8 *Quallen, rötliche unappetitliche Tiere, Quallen näherten sich unbemerkt, Panik, traute mich nicht mehr, mich zu bewegen*
9 *Hilferuf, will winken, falle von der Luftmatratze ins Wasser, es brennt ganz fürchterlich am Unterschenkel (Höhepunkt)*
10 *plötzlich war Vater da, er zog mich auf der Luftmatratze bis zum Strand*

Welche Folgen traten ein? *starkes Brennen, Salbe, Schmerzen bald vorbei*

3 Einleitung

Mit der Einleitung führst du in deine Erzählung ein und beantwortest die wichtigsten **W-Fragen** (Wer?, Wo?, Wann?). Um Neugier und Interesse des Lesers zu wecken, weist du kurz auf die **Vorgeschichte** hin oder deutest an, dass etwas **Überraschendes** geschehen wird, ohne zu viel zu verraten. Behalte dir also die komplette Beantwortung der Was-Frage für den Hauptteil vor.
Orientiere dich an deinen Notizen aus der Stoffordnung.
Formuliere von Anfang an in der **Ich-Form**, denn es geht in der Regel um etwas, das du selbst erlebt hast. Beginne im **Präteritum**.

TIPP: Achte bei der Beantwortung der Wer-Frage darauf, dass du dich selbst bei zwei oder mehr Personen immer zuletzt nennst: z. B. *Für meine Eltern, meinen jüngeren Bruder Jakob und mich …*

Unser erster Urlaubstag in den letzten Sommerferien auf Mallorca begann mit strahlendem Wetter. Meine Eltern, mein jüngerer Bruder Jakob und ich beschlossen bereits beim Frühstück, dass wir den Tag am Strand verbringen wollten. Wir alle waren in ausgelassener Urlaubsstimmung, doch dies sollte sich zumindest bei mir im Laufe des Tages blitzartig ändern.

4 Hauptteil

Der Hauptteil ist natürlich das Wichtigste in deinem Aufsatz. Achte darauf, dass du das Geschehen in der richtigen **Reihenfolge** Schritt für Schritt erzählst und langsam die **Spannung** aufbaust, die im Höhepunkt gipfelt. Die Erzählschritte hast du bereits bei der Stoffordnung festgelegt: Sie ist dein Schreibplan. Dennoch geht es nicht nur darum, dass du deine Notizen von dort einfach aneinanderreihst. Du weißt, du musst **anschaulich** schreiben, möglichst **lebendig** erzählen und spannend soll es auch noch sein. Verwende dafür möglichst viele der sprachlichen Mittel, die du auf → S. 17/19 findest.

Schreibe zunächst im **Präteritum** weiter, erst beim **Höhepunkt** (Bemerken der Qualle, Panik, Brennen am Unterschenkel) wechselst du ins **Präsens**.

TIPP: Erarbeite in der Vorbereitung auf eine Schulaufgabe **Wortfelder** mit anschaulichen und abwechslungsreichen Verben und Adjektiven, die du anstelle von „sagen", „gehen", „stehen" usw. verwenden kannst. Präge dir die Wörter ein, damit du im Ernstfall eine große Auswahl hast.

So könnte der Hauptteil beginnen:

Nach dem Frühstück packten wir im Nu die Badesachen zusammen und 1
fuhren mit unserem Mietwagen zu einer sandigen Bucht mit seichtem 2
glasklaren Wasser in der Nähe unseres Ferienhauses. Schnell hatten wir
einen Platz am noch leeren Strand gefunden. Bald waren unsere Luftmat- 3
ratzen aufgeblasen, die Getränkebox stand im Schatten und mein Vater
hatte den Sonnenschirm zusammengebaut. Ein angenehm kühler Wind
wehte vom Meer her und es begann der ideale Badetag. Meine Eltern
zogen sich unter den Sonnenschirm zurück, ich schubste Jakob zuerst ein-
mal übermütig ins Wasser und jauchzte: „Los, schwimmen wir um die 4
Wette!"

Anmerkung: Die Zahlen neben dem Beispiel beziehen sich auf die Erzählschritte aus der Stoffordnung und helfen dir bei der Orientierung. In deinem Aufsatz musst du solche Zahlen nicht angeben.

… und so könntest du zum Höhepunkt hinführen:

„Immer nur schwimmen ist langweilig“, maulte mein Bruder plötzlich und 5
lief zu den Eltern, die im Schatten ihres Schirms dösten. „Papa, dürfen wir
mit den Luftmatratzen ins Wasser“, bettelte er. „Macht aber keinen Blöd-
sinn und paddelt auf keinen Fall zu weit hinaus“, ermahnte er uns. Jakob
hüpfte vor Freude in die Luft. „Wir machen ein Wettrennen, wer als Erster
an dem Felsen dort ankommt, hat gewonnen“, schlug ich vor und grinste
schadenfroh, da ich wusste, dass mein kleiner Bruder nicht den Hauch
einer Chance hatte. Wir legten die Luftmatratzen ins Wasser und ich gab
das Kommando, „Auf die Plätze, fertig, los!“ Gleichzeitig warf ich mich
auf die Unterlage und paddelte mit den Händen wie wild los, das Wasser
spritzte auf und ich hörte Jakob jammern, „du bist gemein, du bist zu früh
los!“ „Immer bin ich schuld“, dachte ich mir und hatte bald den 30 Meter
entfernten Felsblock erreicht und meinen Bruder offenbar um Längen
geschlagen, denn ich sah ihn umkehren und wie der Blitz aus dem Wasser 6
laufen. „So ein Feigling und Spielverderber“, dachte ich mir, „jetzt wird er
wieder zu den Eltern laufen und losheulen.“ Ich hatte keine Lust, wieder
umzukehren und beobachtete den Strand: „Seltsam, überall stehen Men-
schen und schauen ins Wasser.“ Jakob war bei den Eltern angekommen
und ich sah, wie sich beide erhoben. „Aha, jetzt ist dicke Luft und sie holen
mich“, ging es mir durch den Kopf. Automatisch paddelte ich wieder ein
Stückchen weiter. Ich hörte die Eltern rufen, irgendwie klang es aufgeregt, 7
also machte ich eine Kurve um wieder auf den Strand sehen zu können.
„Komisch, was haben die denn, sie stehen am Meer und rufen und winken
wie verrückt“, wunderte ich mich Auch mein Bruder machte seltsame Ver-
renkungen und Zeichen. Ich kapierte gar nichts mehr, „es sieht nicht so
aus, als wollten sie mich schimpfen“, dachte ich. In meiner Verwirrung
hatte ich gar nicht bemerkt, dass immer mehr Menschen das Wasser ver-
lassen hatten. Ich bekam es urplötzlich mit der Angst zu tun, ich war
allein und mindestens 50 Meter vom rettenden Ufer entfernt. „Haie“, flüs-
terte ich und schon begann ich zu zittern, mir wurde heiß und kalt zu-
gleich. Schon wollte ich lospaddeln, um dem Ungeheuer zu entkommen,
da sah ich im Wasser vor mir etwas treiben, viel kleiner als ein Hai, aber 8
rötlich, unappetitlich: eine Qualle! Ich war wie gelähmt, gleichzeitig wollte
ich aber weg von dem ekelhaften Tier.

… und so könntest du den Höhepunkt ausgestalten:

Ich rühre mich nicht und starre auf die Qualle, Schweiß tritt mir aus allen Poren. Ich weiß, die Berührung tut höllisch weh. Der Urlaub ist vorbei. Das Gift ist sicher tödlich. Tausend Gedanken schießen mir durch den Kopf,

Panik erfasst mich, das Ungeheuer treibt weiter auf mich zu. Ich nehme 9
allen Mut zusammen und richte mich ganz langsam auf, um zu winken und nach Hilfe zu rufen. Doch stattdessen kippe ich von meiner Schwimmunterlage und falle ins Wasser. Ich schlage wild um mich und möchte schreien, doch stattdessen schlucke ich Wasser. Meine Augen brennen! Als ich wieder auftauche, spüre ich einen stechenden Schmerz am Unterschenkel: „Auuuua, Hiiilfe“, brülle ich und schlucke Wasser. Irgendetwas
packt mich und reißt mich hoch, ich weine und schreie wie am Spieß: 10
„Nein! Nicht! Papa, Mama! Warum hilft mir denn keiner, ich werde gefressen!“ „Hey, beruhige dich, setz dich auf die Matratze, ich ziehe dich an den Strand“, erkannte ich plötzlich die vertraute Stimme meines Vaters. Nach kurzer Zeit erreichte ich immer noch weinend und am ganzen Körper wie Espenlaub zitternd das rettende Ufer.

5 Schluss

Nach dem Höhepunkt lässt du die **Spannungskurve schnell absinken** und beendest deine Erzählung zügig. Abschließend kannst du die Handlung oder den Höhepunkt noch einmal kurz erklären. Möglich ist auch ein kurzer Ausblick auf die Folgen des Geschehens, z. B. kannst du eine Lehre nennen, die du aus dem Geschehen gezogen hast. Oder du beschreibst kurz das Verhalten der Beteiligten nach dem Ereignis.

TIPP: Gehe nur kurz auf die Folgen ein und steige nicht wieder in eine neue Geschichte ein.

Immer noch zitternd und verängstigt lag ich nun im Sand. Die Qualle hatte mich zwar schlimm erwischt und meine Haut brannte, aber ich war gerettet und alles war bei weitem nicht so schlimm. „Wir suchen uns jetzt gleich einen Arzt, dann bekommst du eine Salbe. Keine Angst, in ein paar Tagen spürst du nichts mehr“, tröstete mich meine Mutter. Jedenfalls werde ich beim nächsten Badetag am Meer nicht mehr einfach blindlings losschwimmen.

6 Überschrift

Mögliche Überschriften, die neugierig machen, könnten sein:

Meeresungeheuer vor Mallorca
Eine brennende Urlaubserinnerung
Luftmatratzenrennen mit schmerzhaftem Ausgang

1.2 Zu Reizwörtern erzählen

Bei einer Reizwortgeschichte werden dir mehrere so genannte Reizwörter vorgelegt. Mitunter kannst du auch aus einer Wörterliste eine vorgegebene Anzahl von Wörtern auswählen. Deine Aufgabe besteht darin, eine möglichst spannende und lebendige Geschichte zu erzählen, in der die **Reizwörter** eine **wichtige Rolle** spielen und in einem sinnvollen **Zusammenhang** stehen. Halte dich an die „Merkmale des Erzählens“ und die Hinweise „Wie gehst du beim Erzählen vor?“ (→ S. 17–19).

TIPP: Wenn du aus einer Reihe von Wörtern auswählen kannst, achte auf mögliche Zusammenhänge zwischen den Wörtern. Denn das ist die Grundlage für eine sinnvolle Geschichte. Zur Auswahl stehen z. B. *Ferien – Fledermäuse – Baum – Höhle – Dunkelheit – Wasser*. Wenn du dich für *Fledermäuse – Höhle – Dunkelheit* entscheidest, könntest du folgenden Zusammenhang herstellen: Du hast eine Höhle erkundet und in der Dunkelheit jagten dir die Fledermäuse einen großen Schrecken ein.

Wie gehst du bei einer Reizwortgeschichte vor?

Aufgabenstellung:
Schreibe eine Erzählung und verwende dabei die Reizwörter:
Modelleisenbahn – Tiefgarage – Lautsprecherstimme

1 Stoffsammlung

Reizwörter sollen deine Fantasie anregen, mit ihnen eine Erzählung zu schreiben. Dabei kannst du dich an **eigene Erlebnisse** halten oder eine **neue Geschichte erfinden**. In jedem Fall musst du zu den Reizwörtern eine Stoffsammlung erstellen. Besonders gut eignet sich dafür ein Cluster: Notiere deine Einfälle zu jedem Reizwort in einem eigenen **Cluster**.

Ein Cluster zum Reizwort „Tiefgarage“ könnte z. B. so aussehen:

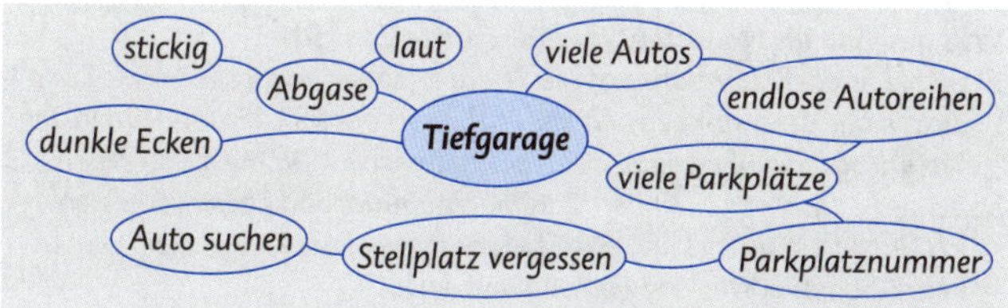

Zu den beiden anderen Reizwörtern (Modelleisenbahn, Lautsprecherstimme) notierst du deine Ideen ebenfalls in einem Cluster.

TIPP: Überlege bereits bei der Stoffsammlung, welchen **Zusammenhang** es zwischen den Reizwörtern geben könnte. Welche Möglichkeiten für eine **sinnvolle Geschichte** könnten sich daraus ergeben?

Überlege also: Welches lustige oder unheimliche Erlebnis könntest du in einer Tiefgarage haben? Du könntest dich z. B. verlaufen und das Auto deiner Eltern nicht mehr finden. Welche Rolle könnte dabei eine Modelleisenbahn spielen? Sie könnte der Grund dafür sein, dass du nicht mit deinen Eltern einkaufen gehst, sondern lieber die im Einkaufszentrum ausgestellte Anlage betrachtest. Wieso spricht jemand über Lautsprecher? Du wolltest dich eigentlich mit deinen Eltern zu einer bestimmten Zeit wieder am Auto treffen. Doch du findest das Auto in der Tiefgarage nicht mehr und irrst dort umher, bis eine Lautsprecherdurchsage dich auffordert, dich an einem Treffpunkt im Einkaufszentrum zu melden. Denn deine Eltern haben dich als vermisst ausrufen lassen.

2 Stoffordnung

Bei der Stoffsammlung bist du bestimmt auf eine Idee gekommen, wie du die einzelnen Reizwörter miteinander verknüpfen und in eine sinnvolle Geschichte einbinden kannst. In der Stoffordnung legst du nun fest, **wer** am Geschehen beteiligt ist, **wo** und **wann** es stattfindet und **was** Erzählschritt für Erzählschritt passiert.

TIPP: Beantworte die **W-Fragen** so, dass alle **Reizwörter** an den entscheidenden Stellen vorkommen.

Wer? *meine Eltern und ich*

Wo? *in einem großen Ladenzentrum in Regensburg*

Wann? *am letzten Samstag*

Was geschah als Erstes? (Erzählschritt 1)

1 *Samstagnachmittag mit den Eltern in einem großen Ladenzentrum, verschiedene für mich langweilige Einkäufe*

Was geschah als Nächstes? (Erzählschritte 2 bis 5)

2 *riesige* ***Modelleisenbahnanlage****; Eltern erlauben, alleine zu bleiben und die Anlage genau zu betrachten; Treffpunkt um 15 Uhr am Auto in der* ***Tiefgarage****; bin überzeugt, das Auto zu finden, ist für mich kein Problem*

3 *Versuch, das Auto zu finden; Parkplatznummer und Ebene vergessen*

4 *ich irre durch die stickige, laute Tiefgarage; endlose Autoreihen; Dunkelheit; Abgase; Lärm; Verzweiflung und Angst*

5 ***Lautsprecherstimme****, Eltern suchen mich, Treffpunkt Modelleisenbahn*

Welche Folgen traten ein? *Erleichterung beim Wiedersehen mit den Eltern*

3 Einleitung

Ähnlich wie bei einer Erlebniserzählung beantwortest du auch hier alle für die Einleitung wichtigen **W-Fragen** (Wer?, Wo?, Wann?) und gibst einen ersten Einblick in das Geschehen (Was?). Du kannst auch mit einer **allgemeinen Feststellung** beginnen, z. B. dass du Einkaufen mit den Eltern eigentlich nicht magst.

Einkaufen mit den Eltern ist eigentlich nicht gerade meine Lieblingsbeschäftigung. Dennoch nahmen mich am letzten Samstag meine Eltern in das große Einkaufszentrum in Regensburg mit. Als wir in der riesigen Tiefgarage endlich einen Parkplatz fanden, hatte ich mich schon mit ein paar langweiligen Stunden abgefunden.

4 Hauptteil

Auch bei der Reizwortgeschichte ist der Hauptteil das Wichtigste an deinem Aufsatz. Du musst genauso wie bei der Erlebniserzählung darauf achten, dass du die Erzählschritte in der **richtigen Reihenfolge** wiedergibst. Entscheidend ist hier, dass die **Reizwörter** eine wichtige Rolle im Geschehen spielen und dass sie in einem sinnvollen Zusammenhang stehen, also nicht einfach nur in der Erzählung vorkommen.

Zu Beginn des Hauptteils kannst du schon das erste Reizwort einsetzen:

Die Einkaufstour schien kein Ende zu nehmen. Meine Eltern schoben sich 1
durch die Menschenmassen, ich trottete ziemlich uninteressiert hinterher, von einem Geschäft zum nächsten. Plötzlich sah ich eine riesige ***Modell-*** 2
eisenbahnanlage *auf einer Ausstellungsfläche und schlagartig besserte sich meine Stimmung. „Darf ich hier allein einfach den Zügen zusehen", bettelte ich, „wir können uns zu einer bestimmten Zeit am Auto treffen, wenn ihr fertig seid." Überraschenderweise waren die Eltern einverstanden und mein Vater fragte mich: „Du weißt schon noch, wo unser Auto steht?" „Natürlich!", antwortete ich und hörte schon gar nicht mehr zu. „Also bis um 15 Uhr und sei pünktlich", ermahnte mich meine Mutter.*

… und so könntest du zum Höhepunkt hinführen:

Die Zeit verging wie im Flug. Als ich zum ersten Mal auf die Uhr sah, war 3
es bereits kurz vor Drei. Da ich nicht zu spät kommen wollte, machte ich mich gleich auf den Weg in die ***Tiefgarage****. Ich war mir ganz sicher, welchen Aufzug ich benutzen musste. Entschlossen drückte ich auf „Ebene 2", der Aufzug glitt in die Tiefe. Unten angekommen, empfingen mich Lärm und schlechte Luft, Autos kurvten herum. Zuversichtlich wandte ich mich*

*nach links. Dort hinten um die nächste Ecke steht das Auto, war ich im-
mer noch felsenfest überzeugt. Ich bog um die Ecke, statt des Autos und
meiner Eltern tat sich eine weitere Doppelreihe von Parkplätzen auf. Jetzt
wurde mir ganz heiß! Ein Auto hupte, da ich völlig verunsichert auf der
Fahrbahn stehen geblieben war, und ich sprang an die Wandseite. Nur
noch mal von vorne, versuchte ich mich zu beruhigen, du weißt ja die
Stellplatznummer. Doch angesichts des Autorlärms und der Hektik um* 4
*mich herum war ich mir nicht mehr sicher, wie die Nummer lautete. Viel-
leicht doch Ebene drei, ich lief nun immer schneller, um zum Treppenab-
gang zu gelangen, mein Herz klopfte, als ich eine dunkle, enge Treppe hin-
unterlief und im Untergeschoss atemlos die Tür zu den Parkplätzen auf-
drückte. Abgestandene, warme Luft schlug mir entgegen, hier waren keine
Autos unterwegs und kaum Parkplätze belegt. Ich hatte mich endgültig
verirrt. Verängstigt und verzweifelt haste ich durch die Reihen. Kein ver-
trautes Auto, keine Eltern! Die Tränen steigen mir in die Augen. Dann,
plötzlich eine blecherne* ***Lautsprecherstimme****, ich erschrecke fürchterlich:* 5
*„Der 12-jährige Tom wird von seinen Eltern gesucht. Er soll zur Modell-
eisenbahnanlage im Erdgeschoss kommen …" Vor Erleichterung knickten
mir die Knie ein. Jetzt musste ich nur noch einen Treppenaufgang oder den
Aufzug finden.*

5 Schluss

Mit dem Schluss rundest du deine Geschichte ab. Es gelten die gleichen Hinweise wie bei der Erlebniserzählung (→ S. 24).

Schließlich fand ich einen Aufzug und drückte erleichtert den Knopf für Erdgeschoss. Als die Türen sich dort öffneten, sah ich die Modelleisenbahnanlage, mit der alles anfing, und meine winkenden Eltern. Sie freuten sich genauso wie ich, dass wir uns wieder gefunden hatten.

6 Überschrift

Wie bei der Erlebniserzählung soll auch die Überschrift einer Reizwortgeschichte den Leser einerseits **neugierig** auf den folgenden Text machen, andererseits aber auch möglichst **wenig verraten**.

TIPP: Du kannst in der Überschrift bereits **eines der Reizwörter** verwenden. Achte aber darauf, dass du das Geschehen nur andeutest und nicht den spannenden Höhepunkt der Geschichte vorwegnimmst.

Ein verhängnisvoller Einkaufstag
Die Rettung aus dem Lautsprecher
Die Modelleisenbahn war an allem schuld

1.3 Nach Bildern erzählen

Bei einer Bildergeschichte wird dir in der Regel eine **Folge von Bildern** vorgelegt, zu der du eine Erzählung schreiben sollst. Manchmal musst du die Bilder auch erst in eine richtige **Reihenfolge** bringen.
Auf den Bildern sind nicht alle Einzelheiten des Geschehens vorhanden, weil ein Bild – im Gegensatz zum Film – nur eine **Momentaufnahme** ist und nicht das gesamte Geschehen zeigt. Das bedeutet für dich, dass du dich fragen musst, **was zwischen den Bildern passiert**.
Dies gilt erst recht, wenn du nur ein **einzelnes Bild als Vorlage** erhältst; denn auch dies ist mitunter der Fall. Dann musst du dir eine passende Erzählung rund um dieses Bild überlegen.
Wichtig ist, dass du die Bilder (oder das Bild) **genau betrachtest:** Welches Aussehen haben die abgebildeten Personen? Wie ist ihr Gesichtsausdruck? Verändern sich die Personen im Laufe der Bildergeschichte? Welche weiteren Eigenschaften könntest du daraus ableiten? Welche Gegenstände sind abgebildet und für das Geschehen wichtig? Deine Beobachtungen und Überlegungen lässt du in die Erzählung einfließen.
Eine Bildergeschichte schreibst du normalerweise aus der **Sicht eines allwissenden Erzählers**. Er weiß, was alle Personen tun, denken und fühlen, und schreibt über sie in der Er- oder Sie-Form. Es kann aber auch sein, dass du dich laut Aufgabenstellung in eine der beteiligten Figuren hineinversetzen sollst oder es dir freigestellt ist, welche Erzählperspektive du wählen kannst. Dann musst/kannst du in der **Ich-Form** aus Sicht einer Figur erzählen.
Halte dich an die „Merkmale des Erzählens" und die Hinweise „Wie gehst du beim Erzählen vor?" (→ S. 17–19).

Wie gehst du bei einer Bildergeschichte vor?

Aufgabenstellung:
Schreibe zu dieser Bilderfolge eine Erzählung.

1 Stoffsammlung

Für die Stoffsammlung betrachtest du die Bilder sehr genau. Notiere, **was** auf den einzelnen Bildern zu sehen ist (Personen, Gegenstände, usw.). Achte auch darauf, ob es **Veränderungen** bei den Personen (Gesichtsausdruck, Haltung) oder Gegenständen (Beschädigungen, Verschwinden usw.) gibt. Versuche alles, was du siehst, in einen sinnvollen **Zusammenhang** zu bringen. Denke über den Sinn, die **Kernaussage** der Bilderfolge nach. Stelle auch Überlegungen dazu an, was nicht gezeichnet ist, was du also **ergänzen** musst, damit eine sinnvolle Geschichte entstehen kann.

Was zeigt Bild 1? *Mutter und Sohn – gute Laune – Mutter hilft dem Sohn, sich als Maus (Ohren, Schnauze, Nagetierzähne) zu verkleiden*

Was zeigt Bild 2? *maskierter Sohn auf dem Weg zum Kostümfest – erwartungsvoller, freudiger Gesichtsausdruck*

Was zeigt Bild 3? *drei als Katzen maskierte Jungen – sie grinsen – der als Maus verkleidete Junge dreht ihnen den Rücken zu (oder auch möglich: der als Maus verkleidete Junge blickt sie an)*

Kernaussage: *Schock, als Maus unter lauter Katzen auf dem Kostümfest*

Was ist nicht gezeichnet? *Enttäuschung des Jungen, Ende der Geschichte*

2 Stoffordnung

In der Regel erhältst du eine **Abfolge von Bildern**, in denen einzelne, aber nicht alle Erzählschritte der Handlung dargestellt sind. Die Bilder können dir also dabei helfen, eine grobe **Reihenfolge der Handlung** festzulegen.

TIPP: Wenn die Bilder nicht in der richtigen Reihenfolge abgebildet sind, musst du sie vorab **ordnen**. Beachte dazu den Arbeitsauftrag.

Dann überlegst du, welche **Erzählschritte zwischen den Bildern** ergänzt werden müssen, damit eine schlüssige Geschichte entsteht. Achte noch einmal besonders auf die Einzelheiten in den Bildern, z. B. Veränderungen in der Haltung der Personen, Gesichtsausdruck, Gegenstände. Dabei stellst du wieder die bekannten **W-Fragen:** Wer?, Wo?, Wann? und Was? Meist ist es notwendig, den Hauptpersonen (Wer?) Namen zu geben sowie einen Ort (Wo?) und die Zeit, in der das Geschehen spielt (Wann?), selbst festzulegen.

Wer? *Nico (Name selbst festgelegt), Mutter, drei Jungen*

Wo? *Jugendzentrum (Ort selbst festgelegt)*

Wann? Freitagnachmittag im Karneval (Tag selbst festgelegt)

Was ereignet sich? Schulkarneval, unpassende Verkleidung

Was passiert im Einzelnen? (Erzählschritte 1 bis 7)

1 Nicos eigene Idee für eine Verkleidung (Vorgeschichte ergänzt)
2 Mutter hilft beim Aufsetzen der Mausmaske (Bild 1)
3 Vorfreude und Spannung auf dem Weg zur Karnevalsparty (Bild 2)
4 viele Schüler, gute Stimmung (ergänzt)
5 Nico steht plötzlich drei Katzen gegenüber (Bild 3) – sie stürzen sich auf ihn – umkreisen und verspotten ihn, wollen ihn fangen (ergänzt)
6 Angst und Enttäuschung – Flucht aus dem Partyraum (ergänzt)
7 Mutter tröstet Nico mit Idee einer Löwenmaske im nächsten Jahr (Schluss ergänzt)

3 Einleitung

In der Einleitung beantwortest du die wichtigen **W-Fragen** (Wer?, Wo?, Wann?, Was?) und leitest damit zum Hauptteil über.

TIPP: Beachte, dass du nicht bereits zu viele Einzelheiten verrätst.

Seit ein paar Tagen gab es in der Familie Meier kein anderes Thema mehr als den Schulkarneval, den der 12-jährige Nico zum ersten Mal besuchen durfte. Am Freitagnachmittag schlüpfte Nico nun in seine Verkleidung, um sich auf den Weg ins Jugendzentrum zu machen.

4 Hauptteil

Der Hauptteil ist auch bei der Bildergeschichte der wichtigste Teil des Aufsatzes. Du musst darauf achten, dass du die richtige **Reihenfolge** der **Bilder** und der **Erzählschritte**, die du dir zwischen den Bildern überlegt hast, einhältst. Dabei hilft dir deine Stoffordnung. Überprüfe auch, ob die Erzählschritte gut **zueinanderpassen** und sinnvoll zum nächsten Bild **überleiten**, sodass sich keine Brüche ergeben.

Nico hatte die Idee zu seiner Verkleidung selbst, die Mäusezähne und die 1
Schnauze bastelte er allein. Seine Mutter half ihm jedoch bei der Anferti- 2
gung der großen grauen Ohren. „Du musst mir helfen, die Ohren richtig aufzusetzen und zu befestigen", bat er sie und freute sich riesig über sein tolles Kostüm. Auch seine Mutter war vom Ergebnis der Verkleidung überzeugt. „Das sieht richtig gut aus, da musst du dich vor den Katzen in Acht nehmen", meinte sie lächelnd. „Ach wo, dies ist ja nur eine Karnevalsparty, bei der sich jeder verkleidet", versicherte Nico.

Gut gelaunt machte er sich auf den Weg ins Jugendzentrum. „Die anderen 3
werden bestimmt staunen“, dachte Nico sich, als er den Saal betrat. Über-
all liefen Cowboys, Zauberer, Clowns und viele andere maskierte Schüler 4
herum. Die Stimmung war ausgelassen und Nico versuchte, seine Mit-
schüler aus der Klasse zu finden, was bei den Masken ziemlich schwer
schien. Plötzlich lösten sich aus einer Gruppe Tanzender drei Gestalten, die 5
auf ihn zukamen. „Oh, das sind sicher Benni, Tom und Eric!“, dachte Nico
und wollte schon winken. Doch erst jetzt merkte er, dass die drei als Kat-
zen verkleidet waren und scheinbar etwas ganz anderes von ihm wollten.
„Na ja, das sind ja nur Masken“, versuchte er, sich zu beruhigen. Aber die
drei beginnen zu fauchen, umkreisen ihn und kreischen immer wieder:
„Aus die Maus, jetzt gehörst du uns!“ „Ach, seid doch nicht so kindisch“,
ruft Nico schon etwas weinerlich. „Wir sind die Mäusepolizei, wir halten
die Party von Mäusen frei“, schreien die Katzen zurück und wollen Nico
nun fangen. Das ist zu viel für ihn. Wut und Enttäuschung steigen in ihm 6
hoch, es wird ihm ganz heiß unter seinen Mäuseohren. Nichts wie raus,
Flucht war sein einziger Gedanke. „Warum musste ich diese blöde Idee mit
der Maus haben“, flüsterte er leise zu sich selbst. Zum Glück sah Nico
nicht mehr, wie die drei gemein unter ihren Katzenmasken grinsten.

5 Schluss

Nicht immer stellt das letzte Bild auch das Ende der Geschichte dar. Deshalb musst du oft einen **eigenständigen Schlussgedanken** ergänzen und dir überlegen, wie die Geschichte ausgehen könnte.

In Windeseile lief Nico nach Hause und riss sich die Mäuseverkleidung 7
vom Leib. Seine Mutter blickte ihn verständnislos an und er erzählte ihr alles. Sie nahm ihn in den Arm und tröstete ihn: „Nächstes Jahr gehst du als Löwe, das wirkt bestimmt.“

6 Überschrift

Wenn die Bilderfolge bereits eine eigene Überschrift trägt, kannst du diese verwenden oder aber dir eine andere Überschrift einfallen lassen, die deiner Meinung nach besser zum Thema passt.

Das Kostümfest
Trauriger Schulkarneval
Mäusejagd

1.4 Zu vorgegebenem Anfang oder Schluss erzählen

Bei dieser Form wirst du von einem vorgegebenen Anfang oder Schluss zu einer Geschichte angeregt, in der du erzählst, **wie es weitergeht** oder **wie es dazu gekommen** ist. Deine Erzählung muss inhaltlich zur **Vorgabe** passen. Das heißt, du hältst dich genau an den Ort, die Zeit, die Personen, die Situation und die Erzählperspektive, die im Anfang oder Schluss vorkommen. Alles andere denkst du dir aus. Wichtig ist nur, dass du eine **schlüssige Fortsetzung** bzw. **Hinführung** schreibst.

Wie gehst du bei vorgegebenem Anfang (oder Schluss) vor?

Anfang der Geschichte:
Nach vier Regentagen strahlte die Sonne vom Himmel. Endlich war wieder Badewetter! Schon morgens saßen Papa, Mama, meine Schwester und ich vergnügt im Auto und waren auf dem Weg zum Baggersee. Wie immer parkte Vater an einer leicht abschüssigen Stelle im Kies nahe des Ufers …
Aufgabenstellung:
Erzähle die Geschichte weiter.

1 Stoffsammlung

Bei einem vorgegebenen Anfang einer Geschichte sammelst du Ideen, **wie es weitergehen könnte**. Lege als Erstes fest, ob du eher eine witzige oder traurige Geschichte schreiben willst **(Art der Geschichte)**. Frage dich dann, was geschehen könnte, welche Personen beteiligt sind, wie sich die Personen weiter verhalten, was sie fühlen und denken usw. Ist der Schluss vorgegeben, überlegst du auf gleiche Weise, was sich **zuvor zugetragen haben könnte**.

Art der Geschichte: *witzig, überraschendes Ereignis*
Geschehen: *Auto fährt ins Wasser – bleibt zur Hälfte im Wasser stehen*
Beteiligte: *Papa, Mama, meine Schwester, ich*
Verhalten der Beteiligten: *sie baden – als das Auto ins Wasser rollt, sind sie zuerst hilflos, dann schieben sie es gemeinsam heraus*
Stimmung der Beteiligten: *zuerst vergnügt – dann entsetzt – zuletzt froh*

2 Stoffordnung

Überlege, mit welchen **Erzählschritten** du **zum Höhepunkt** hinführst. Lege die Reihenfolge der Erzählschritte fest und überlege auch, wie die Erzählung enden soll (bzw. wie sie beginnen soll).

Was ereignet sich zunächst? (Erzählschritte 1 und 2)
1 Eile und Vorfreude, ins Wasser zu kommen
2 alle plantschen und schwimmen
Was geschieht als Nächstes? (Erzählschritte 3 bis 5)
3 Blick auf das Auto; Frage der Mutter, ob der Gang eingelegt und die Handbremse gezogen ist
4 Papas selbstsichere Antwort
5 das Auto gerät in Bewegung, rutscht auf das Wasser zu, die vordere Hälfte steht im Wasser, Entsetzen bei den Badenden (Höhepunkt)
Wie endet die Erzählung? (Erzählschritt 6)
6 das Auto wird mit vereinten Kräften hinausgeschoben, der Motor lässt sich zum Glück starten (Schluss)

Je nachdem, ob Einleitung oder Schluss vorgegeben sind, gestalten sich die übrigen Schritte wie beim Erzählen von Erlebnissen (→ S. 21–24):

- Wenn der Schluss vorgegeben ist, formulierst du eine **Einleitung**, die die W-Fragen Wer?, Wo?, Wann?, Was? beantwortet. Überlege, welche Angaben du aus dem Schluss aufgreifen musst, damit deine Erzählung auch stimmt.
- Beim **Hauptteil** achtest du wie bei jeder Erzählung besonders auf eine anschauliche Sprache und die Einhaltung der Erzählschritte.
- Liegt die Einleitung vor, verfasst du einen passenden **Schluss**, der z. B. auf die Folgen des Geschehens eingeht.
- Schließlich musst du in beiden Fällen eine passende **Überschrift** finden, die den Leser neugierig macht und das Geschehen andeutet.

1.5 Zu einem vorgegebenen Erzählkern erzählen

Auch ein vorgegebener Erzählkern, z. B. in Form einer kurzen Zeitungsmeldung oder Schlagzeile, kann dich zu einer Geschichte anregen. Hier erhältst du nur einen kleinen Ausschnitt der Geschichte, der sich auf das **Hauptereignis** bzw. den **Kern der Geschichte** bezieht. Du musst also wesentliche **Einzelheiten ergänzen**, damit sich daraus eine stimmige Erzählung ergibt. Liegt zum Beispiel eine Zeitungsschlagzeile mit dem Inhalt „Auto im Baggersee entdeckt" vor, überlegst du, wie es dazu wohl gekommen ist und wie es weitergehen könnte. Anhand dieser Überlegungen legst du die einzelnen **Erzählschritte** fest und gestaltest dann den Aufsatz nach Art einer Erzählung mit **Einleitung**, **Hauptteil** (Höhepunkt) und **Schluss**. Für den Höhepunkt greifst du in der Regel den vorgegebenen Erzählkern auf.

1.6 Fantastisches erzählen

Eine Fantasiegeschichte erzählt **ungewöhnliche Begebenheiten**, die in Wirklichkeit nicht geschehen: Tiere oder Gegenstände können sprechen, Menschen haben wundersame Fähigkeiten, es kommen seltsame Gestalten vor (z. B. Zwerge, Feen, Außerirdische). Die Handelnden können die Grenzen von Raum und Zeit überwinden und z. B. in ein anderes Land oder ein anderes Jahrhundert wechseln.
Oft beginnen Fantasiegeschichten im Alltag, der durch einen fantastischen Vorfall völlig verändert wird. Auch wenn in der Welt, die du in einer Fantasieerzählung erschaffst, alles möglich erscheint, muss die Geschichte dennoch **logisch und nachvollziehbar** sein. Das bedeutet: Alles, was in der Fantasiewelt spielt, musst du so darstellen, **als ob es Wirklichkeit wäre**. Wichtig ist auch, dass die einzelnen Erzählschritte zueinanderpassen und sich stets auf das Thema beziehen. Du darfst dich also nicht in der Fantasiewelt verlieren und eine wunderbare Begebenheit an die nächste reihen. Zum Schluss einer Fantasieerzählung können die in ihr vorkommenden Personen wieder in der Wirklichkeit „landen“. Ansonsten gelten die gleichen Merkmale und Regeln wie bei der Erlebniserzählung (→ S. 20–24).

Wie gehst du bei einer Fantasieerzählung vor?

Aufgabenstellung:
Schreibe eine Fantasiegeschichte zum Thema „Gedanken lesen können“.

1 Stoffsammlung

In der Aufgabenstellung wird dir eine bestimmte fantastische Situation oder ein fantastisches Thema vorgegeben, das du ausgestalten sollst (z. B. *Gedanken lesen können*). Überlege, **wie es dazu gekommen** sein könnte und **welche Auswirkungen** sich dadurch ergeben. Notiere deine Ideen in einer Stichwortliste oder als Cluster (siehe Beispiel):

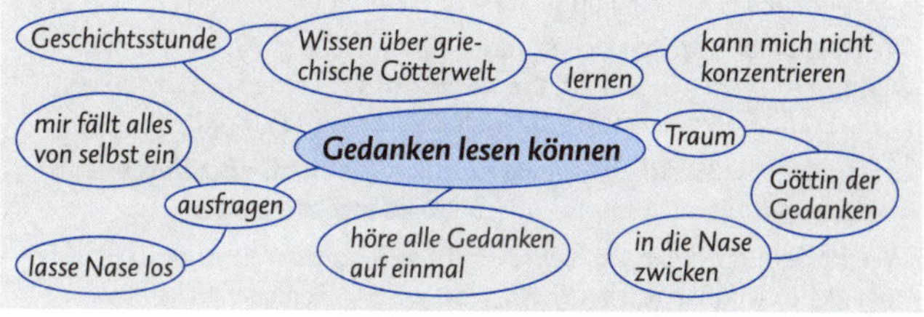

2 Stoffordnung

In der Stoffordnung planst du die Erzählschritte in einer sinnvollen Reihenfolge. Stelle dir dazu die folgenden **W-Fragen:**

- **Wer** ist am Geschehen beteiligt (wirkliche und fantastische Personen, Tiere, Pflanzen usw.)?
- **Wo** findet das Geschehen statt?
- **Wann** spielt das Geschehen?
- Mit welcher **wirklichen Situation** beginnt die Geschichte?
- Welcher fantastische **Vorfall** ereignet sich?
- **Was verändert sich** dadurch?
- **Welche Folgen** ergeben sich daraus (für den Alltag)?
- Wie findet die „**Rückkehr**" in die Wirklichkeit statt?
- Welche **Schlussfolgerung/Lehre** ergibt sich daraus?

Wer ist am Geschehen beteiligt?
Geschichtslehrerin, ich, Klassenkameraden, Göttin der Gedanken

Wo findet das Geschehen statt? *in der Schule und zu Hause im Bett*

Wann spielt das Geschehen? *in der Gegenwart*

***Mit welcher Situation beginnt die Geschichte?* (Erzählschritte 1 bis 3)**

1 *Lehrerin kündigte an, in der nächsten Geschichtsstunde das Wissen über die griechische Götterwelt zu prüfen*

2 *Versuch zu lernen, aber ich konnte mich nicht konzentrieren*

3 *abends im Bett nachdenken über Götter und ihre wundersamen Fähigkeiten, Wunsch, selbst auch so etwas zu können, z. B. Gedanken lesen*

***Welcher fantastische Vorfall ereignet sich?* (Erzählschritte 4 und 5)**

4 *seltsamer Traum mit Göttin der Gedankenwelt („Logica"), die erklärte, wie man Gedanken lesen kann (in die Nase zwicken)*

5 *morgens Erinnerung daran: War alles nur ein Traum?*

***Was verändert sich dadurch?* (Erzählschritt 6)**

6 *Probeeinsatz zu Beginn der Geschichtsstunde: alle Gedanken der Schüler hörte ich auf einmal, ich war erstaunt und verwirrt*

***Welche Folgen ergeben sich daraus?* (Erzählschritt 7)**

7 *ich werde in der Geschichtsstunde ausgefragt, wegen des Gedankendurcheinanders lasse ich Nase los, plötzlich Stille im Kopf*

***Wie findet die „Rückkehr" in die Wirklichkeit statt?* (Erzählschritt 8)**

8 *Lehrerin fragt noch einmal, mir fällt alles von selbst ein*

Welche Schlussfolgerung/Lehre ergibt sich daraus? *Es ist besser, sich auf eigene Gedanken zu verlassen, als die Gedanken aller zu kennen.*

3 Einleitung

Zunächst erzählst du, mit welcher wirklichen Situation die Geschichte beginnt, **bevor sich der fantastische Vorfall ereignet**. Hier nennst du auch die beteiligten **Personen** sowie **Ort** und **Zeit** der Handlung.

TIPP: Auf die Fantasiewesen und den fantastischen Vorfall gehst du hier noch nicht ein, denn damit würdest du zu viel vorwegnehmen.

„In der nächsten Stunde werde ich euer Wissen über die griechische Götter- 1
welt prüfen. Bereitet euch also gut vor!“, kündigte unsere Geschichtsleh-
rerin Frau Lenz an. Und es kam mir so vor, als ob sie mir bei diesen Worten
besonders fest in die Augen blickte.
Ich wusste es ja selbst, dass ich noch eine gute Note in Geschichte brauchte.
Daher setzte ich mich abends mit meinem Geschichtsheft hin und versuch- 2
te, mir alles genau einzuprägen. Doch die vielen Namen und Aufgaben der
Götter schwirrten nur so durch meinen Kopf: „Poseidon – Ist das nicht der,
der mit seinem Dreizack Blitze schleudert? Oder wühlt er damit die Wogen
des Meeres auf? Und wie heißt noch mal der Götterbote? Hermes oder
Hades?“ Völlig verwirrt gab ich auf, das konnte ich mir nie merken.
Kurz darauf ging ich zu Bett und grübelte über die Götter und ihre wun- 3
dersamen Fähigkeiten nach. Was die alles konnten, z. B. sich in Tiere oder
Menschen verwandeln! Das würde ich auch gerne können. Noch besser
wäre es, wenn ich Gedanken lesen könnte. Das würde mir in der morgigen
Geschichtsstunde bestimmt helfen, dachte ich noch, bevor ich einschlief.

4 Hauptteil

Im Hauptteil formulierst du ausführlich die **weiteren Erzählschritte**. Beginne mit dem fantastischen Vorfall und beschreibe genau, was sich danach ereignet und wie das Geschehen in die Wirklichkeit zurückkehrt. Eine Fantasieerzählung hat im Grunde genommen **zwei Höhepunkte:** Der erste Höhepunkt findet statt, wenn der **fantastische Vorfall** passiert, also z. B. ein fantastisches Wesen auftritt oder sich etwas auf wundersame Weise verwandelt. Aber auch die **„Rückkehr“** in die wirkliche Welt solltest du als Höhepunkt ausgestalten, denn hier gipfelt das spannende Geschehen und bricht danach schnell ab. Achte darauf, dass du den Hauptteil und insbesondere diese beiden Stellen **anschaulich und lebendig** formulierst, z. B. indem du wörtliche Rede verwendest.

Mitten in der Nacht stupste mich jemand an der Nase. Ich riss die Augen 4
auf. „Sei mir gegrüßt, holdes Mädchen“, hörte ich eine zarte Stimme und
erblickte ein leuchtendes Wesen, das sich über mich beugte. „Wer bist du?“,
stammelte ich schlaftrunken. „Ich bin Logica“, stellte sich das Wesen mit

heller Stimme vor, „die Göttin der Gedankenwelt. Ich weiß, was alle Sterb-
lichen denken.“ „Das ist ja toll!“, rief ich plötzlich hellwach und dachte zu-
gleich, dass sie dann natürlich ja auch meine Gedanken lesen könne. Und
prompt fuhr sie fort: „Ich weiß auch, was du dir denkst und wünschst.“
„Dann kennst du auch meinen größten Wunsch“, beeilte ich mich zu sagen.
„Ja, gewiss. Ich habe ihn vernommen und beschlossen, dir das Gedanken-
lesen zu zeigen“, säuselte sie. Innerlich jubelte ich: „Bitte, verrat mir alles!“
„Du musst“, flüsterte sie weiter, „dich nur fest in die Nase kneifen und gut
zuhören, das ist alles.“ Ich wollte gerade die Hand nach ihr ausstrecken, als
Logica verschwand. Enttäuscht legte ich mich wieder hin und schlief ein.
Als ich am nächsten Morgen erwachte, musste ich sofort an Logica den- 5
ken. Zweifel beschlichen mich, das alles nur geträumt zu haben. Aber viel-
leicht funktioniert es ja doch? Ich konnte es kaum erwarten, in der Schule
zu sein und den Trick beim Ausfragen anzuwenden. Gleich in der ersten 6
Stunde hatten wir Geschichte. Zu Beginn erklärte uns Frau Lenz etwas
über eine neue Ausstellung, die sie mit uns gerne besuchen würde. Das ist
genau der richtige Zeitpunkt, um das Gedankenlesen zu testen, dachte ich
und zwickte mich so in die Nase, wie es die Göttin mir erklärt hatte. Die
Wirkung war atemberaubend! Die Gedanken aller Schüler strömten auf
mich ein: „Super, dann fällt Mathe aus!“ „Vielleicht will Vera mit mir da-
nach ein Eis …“ „Was für ein Shirt hat Ben schon wieder …?“ Es summte
nur so in meinem Kopf und ich konnte nichts auseinanderhalten.
Plötzlich vernahm ich deutlich die Stimme der Lehrerin: „Also Vera, wie 7
heißt der oberste griechische Gott und welche Aufgabe hatte er?“ Vor
Schreck lasse ich meine Nase los und es wird ganz still in meinem Kopf.
„Vera, träumst du gerade? Bitte beantworte meine Frage!“ Verständnislos
blicke ich Frau Lenz an: „Kann ich sie bitte noch einmal hören?“ Frau Lenz 8
wiederholt die Frage. Auf einmal sehe ich genau die Seite aus meinem Ge-
schichtsheft vor mir und mir fällt alles wieder ein. Nach und nach beant-
wortete ich alle Fragen der Lehrerin. „Sehr gut hast du das gemacht, Vera!“
Hatte Frau Lenz das nur so gesagt oder auch wirklich gedacht? Ich sah sie
an und sie lächelte aufmunternd zurück. Und ich war mir ganz sicher, ihre
Gedanken zu kennen, obwohl ich mich gerade nicht in die Nase zwickte.

5 Schluss

Im Schlussteil rundest du die Geschichte ab, indem du aus dem fantastischen Geschehen eine **Schlussfolgerung** oder eine **Lehre** ziehst.

Voller Zuversicht ging ich nach Hause. Ich brauchte Logica eigentlich gar nicht. Es ist nämlich viel besser, sich auf seine eigenen Gedanken zu verlassen, als durch die Vielfalt der Gedanken anderer verwirrt zu werden.

2 Beschreiben

Wenn etwas genau beschrieben wird, dann kann man sich besonders gut vorstellen, **wie etwas vor sich geht** oder **wie etwas aussieht**. Du kannst z. B. anhand einer Wegbeschreibung auch in einer fremden Stadt dein Ziel finden. Oder wenn du eine Person als vermisst meldest, gibst du der Polizei eine möglichst exakte Personenbeschreibung (Steckbrief).

Merkmale des Beschreibens

Ziel einer Beschreibung ist, dass derjenige, dem du etwas erklärst,
- sich das Beschriebene möglichst **bildhaft vorstellen** kann und
- es – vor allem bei einem Vorgang – genauso **nachvollziehen** kann.

Für den **Inhalt** einer Beschreibung kommt es also darauf an, dass du
- alles **möglichst genau** und **mit vielen Einzelheiten** beschreibst,
- dich aber auch nicht in zu vielen Details verlierst. Beschränke dich also auf die **Merkmale**, die **auffällig** und **typisch** sind.

Bei einer Beschreibung hältst du dich an eine **sinnvolle Reihenfolge**:
- Bei einem **Vorgang** führst du die einzelnen **Arbeitsschritte** so an, wie man sie **der Reihe nach** ausführen muss.
- Bei einem **Gegenstand** oder einer **Person** gehst du entweder nach dem Prinzip **vom Wichtigen zum Unwichtigen** oder nach dem Prinzip **vom Ganzen zum Teil** vor. Das heißt, du beginnst entweder mit den Merkmalen, die am meisten hervorstechen, und führst danach weniger wichtige Merkmale an. Oder du beschreibst zuerst das gesamte Erscheinungsbild und danach die Einzelheiten.

Für die sprachliche Gestaltung einer Beschreibung gilt Folgendes:
- Die **Sprache** ist in der Regel **sachlich** und ohne persönliche Wertungen oder Kommentare.
- Achte auf eine präzise und anschauliche Wortwahl, insbesondere auf treffenden **Nomen**, **Verben** und **Adjektive**.
- Verwende, wenn möglich, **Fachausdrücke** und erkläre sie.
- Veranschauliche, wo es sinnvoll ist, mithilfe von **Vergleichen**.

Die **Zeitstufe** ist stets das **Präsens**, weil
- die beschriebenen Merkmale eines Gegenstands, einer Person und eines Bildes gegenwärtig und **allgemein gültig** sind,
- der beschriebene Vorgang **jederzeit wiederholbar** sein muss.

2.1 Vorgänge beschreiben

Vorgangsbeschreibungen sind z. B. Gebrauchsanweisungen für technische Geräte, Arbeitsanleitungen zum Basteln, Spielanleitungen (Spielregeln) oder Kochrezepte.
Der Vorgang wird so beschrieben, dass er jederzeit **wiederholbar** ist. Wenn du eine Vorgangsbeschreibung verfasst, musst du also darauf achten, dass der Leser den Vorgang auf jeden Fall **nachvollziehen** und ggf. auch selbst nachahmen kann.
Wichtig ist dabei auch, dass du die genaue **Reihenfolge** der einzelnen Arbeitsschritte oder Teilvorgänge einhältst und auf alle notwendigen **Zubehörteile** und wesentlichen **Handgriffe** eingehst.

TIPP: Eine Vorgangsbeschreibung ist in der Regel **unpersönlich** formuliert und es werden überwiegend **Passivformen**, das unpersönliche „**man**" oder **nominalisierte Verben** verwendet.

Wie gehst du bei einer Vorgangsbeschreibung vor?

Aufgabenstellung:
Beschreibe, wie eine Kugelvase aus Ton entsteht.

1 Stoffsammlung

Überlege zunächst, welcher **Vorgang** beschrieben werden soll. Am besten stellst du dir genau vor, wie der Vorgang im Einzelnen abläuft.
Lege eine stichwortartige **Liste der Materialien und Zubehörteile** an, die du für den Vorgang benötigst. Denke auch daran, dass du evtl. Werkzeuge oder andere Hilfsmittel (z. B. eine Unterlage) brauchst.

TIPP: Für eine Spielanleitung musst du außerdem Teilnehmerzahl, Alter der Teilnehmer, Zubehör und evtl. auch die Umgebung berücksichtigen.

Vorgang:	*Herstellung einer Kugelvase aus Ton (Bastelanleitung)*
Zubehör:	*Ton (ca. 1 kg),* *evtl. Glasur und Farben,* *ein altes Geschirrtuch,* *ein Holzbrett,* *ein Küchenmesser,* *eine kleine Schüssel mit Wasser und ein Pinsel,* *eine Plastiktüte zum Unterlegen,* *eine Schürze,* *ein Brennofen*

2 Stoffordnung

Überlege nun noch einmal genau, welche einzelnen **Arbeitsschritte** oder Teilvorgänge zu beachten sind. Ordne sie nach der richtigen zeitlichen **Reihenfolge**.

1 *Arbeitsplatz und Ton vorbereiten*
2 *Ton kneten, eine möglichst regelmäßige Kugel formen*
3 *oben ein Loch hineindrücken und vorsichtig weiten*
4 *obere Öffnung formen und Hals aufsetzen*
5 *Oberfläche der Vase glätten*
6 *Vase trocknen lassen, Arbeitsplatz reinigen, restlichen Ton luftdicht verpacken*
7 *luftgetrocknete Vase im Brennofen brennen*
8 *Vase glasieren und nochmals brennen*

3 Einleitung

In der Einleitung sagst du kurz, **um welchen Vorgang es sich handelt:**

- bei Bastelanleitungen: Welcher Gegenstand wird gebastelt? Wozu dient er?
- bei Kochrezepten: Was wird gekocht?
- bei Spielanleitungen: Was ist das Ziel der Spiels?

Eine selbst getöpferte Kugelvase ist nicht nur ein dekorativer Tischschmuck, sondern man kann auch einen bunten Blumenstrauß lange darin frisch halten. Im Folgenden wird beschrieben, wie man selbst eine einfache Kugelvase herstellen kann.

4 Hauptteil

Als Erstes gibst du einen Überblick über die **Zubehörteile** und evtl. notwendige **Vorbereitungen:**

Zuerst werden die Materialien und Werkzeuge zurechtgelegt. Eine Plastik- 1
tüte wird auf dem Tisch als Schutz ausgebreitet. Auf der Tüte liegt ein Holzbrett, das als Arbeitsunterlage dient. Ein feuchtes Geschirrtuch, ein Küchenmesser und eine kleine Schüssel mit Wasser werden bereitgestellt. Im nächsten Schritt wird die benötigte Tonmenge mit dem Küchenmesser vom großen Tonklumpen vorsichtig abgeschnitten. Der restliche Tonklumpen wird mit dem angefeuchteten Geschirrtuch abgedeckt und so vor dem Austrocknen geschützt.

Beschreibe nun den Vorgang genau. Halte dich dabei an die Abfolge der einzelnen **Arbeitsschritte:**

*Das Stück Ton wird kurz und kräftig durchgeknetet, bis es geschmeidig ist, 2
und anschließend mit den Händen zu einer Kugel geformt. Die Oberfläche
sollte dabei möglichst glatt gerollt werden.
In die Kugel wird behutsam von oben mit dem Daumen ein Loch gedrückt. 3
Die so entstandenen dicken Außenwände werden nun mit den Fingern von
innen nach außen getrieben. Dadurch wird das Gefäß innen weiter, seine
Wände werden dünner und es entsteht eine halbkugelförmige Schale.
Der weite obere Rand wird nun mit beiden Händen zur Mitte hin zusam- 4
mengeschoben. Dadurch bildet sich eine ballonartige Kugel mit einer obe-
ren Gefäßöffnung. Zu beachten ist, dass die durch das Zusammenschieben
entstandenen Tonfalten glatt gestrichen werden und die Vase eine enge
gleichmäßige Öffnung bekommt. Auf diese obere Öffnung ist ein ca. 2 cm
breiter Tonstreifen aufzusetzen, der den Hals der Kugelvase bildet. Er ist
mit dem Grundgefäß besonders gut zu verbinden, weil ansonsten die
Gefahr besteht, dass sich später beim Brennen Risse zwischen Hals und
Kugel bilden. Auch dieser Tonstreifen muss glatt gestrichen werden und
eine möglichst gleichmäßige obere Kante erhalten.
Sollte der Ton während der Arbeit zu sehr austrocknen, taucht man einen 5
Pinsel in die Wasserschüssel und bestreicht den Ton mit Wasser, um ihn
wieder besser formen zu können. Auf diese Weise sollte man auch nach
dem Formen der Vase ihre gesamte Oberfläche noch einmal benetzen und
sie mit den Fingern glätten.
Danach wird die fertige Vase zum Trocknen zur Seite gestellt. Die Arbeits- 6
materialien werden unter fließendem Wasser gesäubert und der restliche
Ton wird wieder luftdicht eingepackt, um ein Austrocknen zu verhindern
und ihn weiter verwenden zu können.
Die luftgetrocknete Vase wird im Brennofen gebrannt. Damit die Vase 7
wasserdicht wird, muss sie auf jeden Fall anschließend innen und außen 8
glasiert und nochmals gebrannt werden. Zudem kann die Vase durch die
äußere Glasur schön gestaltet werden. Der eigenen Kreativität sind hier
keine Grenzen gesetzt.*

5 Schluss

Im Schlussteil gehst du auf das **Ergebnis** ein oder erklärst die **Funktion** des beschriebenen Vorgangs bzw. des so entstandenen Gegenstands.

In die fertige Vase kann man nun Wasser einfüllen, einen Blumenstrauß stellen und sie jederzeit als individuellen Tischschmuck verwenden.

2.2 Gegenstände beschreiben

Die Notwendigkeit, einen Gegenstand zu beschreiben, besteht z. B. bei einer Suchmeldung für einen verlorenen oder gestohlenen Gegenstand, bei einem Kaufangebot in einer Zeitung bzw. im Internet oder bei einem Lexikonartikel, der über einen Gegenstand genau informieren soll.
Den Gegenstand beschreibst du so genau, dass sich der Leser eine möglichst exakte **bildhafte Vorstellung** davon machen kann.
Dazu ist es wichtig, dass du auf **Form**, **Farbe**, **Größe**, **Material** und evtl. **Gewicht** des Gegenstands eingehst.
Du klärst dabei auch, aus welchen **Einzelteilen** der Gegenstand besteht, **wie er funktioniert** und wie er bedient wird.
Dazu benötigst du häufig genaue **Zahlenangaben** und **Fachbegriffe**.
Zu einer Gegenstandsbeschreibung gehört auch, dass du den **Zweck** des jeweiligen Gegenstands und evtl. auch seiner Einzelteile erläuterst.
Für die **Reihenfolge** der Beschreibung gibt es verschiedene Vorgehensweisen, je nachdem wie du den Blick des Lesers leiten willst:

- von außen nach innen (z. B. Federmäppchen),
- von innen nach außen (z. B. Geldstück),
- von unten nach oben (z. B. Gebäude),
- von oben nach unten (z. B. Blume),
- vom Auffälligen zum Gewöhnlichen (z. B. Kleidung),
- vom Allgemeinen zum Besonderen (z. B. Möbel),
- vom Großen zum Kleinen (z. B. Auto).

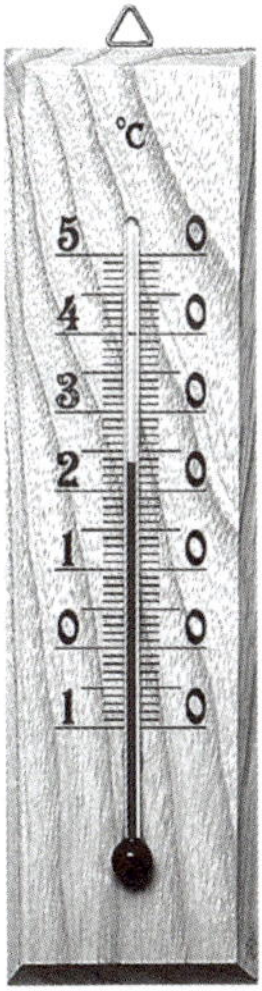

Wie gehst du bei einer Gegenstandsbeschreibung vor?

Aufgabenstellung:
Beschreibe das oben abgebildete Wandthermometer (im Maßstab 1:2).

1 Stoffsammlung

Zuerst notierst du dir, welcher **Gegenstand** beschrieben werden soll und welchem **Zweck** dieser Gegenstand dient.
Wenn dir der Gegenstand vorliegt, **betrachtest** du ihn genau. Ansonsten versuchst du, ihn dir so genau wie möglich vorzustellen.

Schreibe stichpunktartig deine Beobachtungen zu den **Einzelteilen** und zu **Form**, **Farbe**, **Größe**, **Material** und evtl. **Gewicht** auf:

TIPP: Fachbegriffe kannst du mithilfe eines Lexikons klären. Dafür eignet sich z. B. ein Bildwörterbuch mit beschrifteten Abbildungen.

Gegenstand: *Wandthermometer (für Innenräume)*

Einzelteile: *Holzbrettchen (12,4 cm lang, 3,4 cm breit), Kanten jeweils abgeschrägt,*
Glasröhrchen (8,8 cm lang) mit dunkler Flüssigkeit, unten kugelförmige Verdickung als Reservoir,
auf dem Holzbrettchen aufgezeichnete Skala von –10 Grad bis +50 Grad Celsius (Zehnerstelle links vom Glasröhrchen, Einerstelle rechts davon), Celsius-Zeichen in der Mitte oberhalb des Glasröhrchens,
dreieckiger Aufhänger aus Metall

2 Stoffordnung

Nun machst du dir Gedanken über die Vorgehensweise. Entscheide dich für eine sinnvolle **Reihenfolge der Beschreibungsschritte**.

1 Holzbrettchen
2 Glasröhrchen
3 Skala
4 Aufhänger

3 Einleitung

In der Einleitung nennst du den **Gegenstand**, den du im Folgenden beschreibst, und erklärst, **wozu er dient**.

In vielen Wohnungen hängt ein Wandthermometer, um die aktuelle Raumtemperatur zu messen. Ein solches Wandthermometer wird nun genauer beschrieben.

4 Hauptteil

Als Nächstes beschreibst du den Gegenstand anhand deiner Notizen sehr genau. Denke daran, dass du nicht nur auf alle **Einzelteile**, sondern auch auf ihre **Funktion** eingehst. Wenn du beim Schreiben merkst, dass etwas ergänzt werden sollte, siehst du dir den Gegenstand noch einmal genau an und hältst deine Beobachtungen fest.

Halte dich an die in der Stoffordnung festgelegte **Reihenfolge** der Beschreibungsschritte.

TIPP: Bei einer einmal gewählten Reihenfolge (z. B. von außen nach innen, von unten nach oben) solltest du auf jeden Fall bleiben, damit der Leser dir gut folgen kann.

Das Thermometer besteht aus einem 12,4 cm langen und 3,4 cm breiten, 1
hellen Holzbrettchen, dessen Kanten jeweils abgeschrägt sind.
Auf dem Holzbrettchen ist eine 8,8 cm lange Glasröhre befestigt. Die nach 2
oben führende Kapillarröhre ist am oberen Ende zusammengeschmolzen. An ihrem unteren Ende hat die Glasröhre eine kugelförmige Ausbuchtung als Reservoir. Diese ist mit einer dunklen Flüssigkeit gefüllt, die sich bei Wärme ausdehnt und im Röhrchen aufsteigt.
Auf dem Holzbrettchen ist eine Skala aufgezeichnet. Ihre Gradeinteilung 3
mit schwarzen Strichen und Zahlen beginnt bei minus 10 Grad Celsius und führt aufwärts bis zu plus 50 Grad Celsius. Die Striche für die einzelnen Gradabstufungen sind verschieden lang: für die Zehnergrade sind sie etwa 2 cm lang, für die Fünfergrade etwa 1,3 cm und für die restlichen Grade dazwischen ca. 0,7 cm. Das Glasröhrchen ist dabei so befestigt, dass links davon die Zehnerstellen der Gradeinteilung, rechts davon die Einerstellen der Gradeinteilung zu sehen sind.
Wird nun die Flüssigkeit im Röhrchen erwärmt, z. B. wenn man das Zimmer stärker beheizt, so dehnt sich diese aus und steigt im Röhrchen hoch. Anhand der „Steighöhe" kann nun die entsprechende Temperatur an der Skala abgelesen werden. Umgekehrt geschieht es beim Abkühlen: Die Flüssigkeit zieht sich zusammen und sinkt im Röhrchen nach unten, die entsprechend niedrigere Temperatur kann wieder an der Temperaturskala abgelesen werden.
Auf der Rückseite des Holzbrettchens befindet sich oben ein dreiecksförmi- 4
ger Aufhänger. Dieser dient dazu, das Thermometer an der Zimmerwand zu befestigen.

5 Schluss

Als Schlussgedanke eignet sich ein **Hinweis** darauf, was man bei der **Bedienung** des Gegenstands besonders beachten muss.

Beim Aufhängen eines Wandthermometers ist darauf zu achten, dass es nicht von der Sonne beschienen wird. Andernfalls wird die Lufttemperatur des Raumes falsch gemessen.

2.3 Personen beschreiben und charakterisieren

In einer **Personenbeschreibung** stellst du die nach außen hin wahrnehmbaren und überprüfbaren **Merkmale** eines Menschen **genau** und **anschaulich** dar. Das bekannteste Beispiel dafür ist der Steckbrief oder die Vermisstenmeldung. Ziel einer Personenbeschreibung ist es, dass sich der Leser die **Person** so gut vorstellen kann, dass er sie bei Gelegenheit (wieder) **erkennen** bzw. **identifizieren** kann.
Neben der rein steckbriefartigen Personenbeschreibung gibt es auch die **charakterisierende Personenbeschreibung**. Hier versuchst du anhand des Aussehens der Person, ihrer Eigentümlichkeiten und ihres Verhaltens nachvollziehbare **Rückschlüsse auf ihren Charakter** zu ziehen (z. B. *Die buschigen Augenbrauen verdecken die obere Augenhälfte. Dadurch wirkt mein Opa etwas geheimnisvoll und auch ein wenig unnahbar.)*
Eine weitere Form ist die **situative Personenbeschreibung**, bei der du das Aussehen und das Verhalten einer Person in einer bestimmten Situation oder bei einer bestimmten Tätigkeit beschreibst. (z. B. *Wenn mein Opa beim Angeln ist, kneift er die Augen besonders zusammen, vor allem, wenn ein Fisch angebissen hat. Dann erinnert er mich an einen Foxterrier, der auf der Jagd ist und seine Beute gewittert hat.)*
Achte bei jeder Form der Personenbeschreibung darauf, dass deine **Sprache** stets **sachlich** bleibt und sich durchgehend an den gegebenen Tatsachen orientiert.
Von der **Reihenfolge** her baust du eine Personenbeschreibung so auf:

- Zuerst informierst du den Leser über **Name**, **Alter**, **Geschlecht** usw.
- Nun gehst du auf die **allgemeine Erscheinung** (Größe, Körperbau, Haltung) ein und
- setzt deine Beschreibung mit den **besonderen Einzelheiten** (Haare, Augen, Stimme usw.) fort. Es empfiehlt sich, die Person von oben nach unten zu beschreiben, also vom Kopf zu den Füßen.

TIPP: Wichtig ist, dass du insbesondere auf **auffällige Merkmale** hinweist, also Eigenschaften, die nicht jeder Mensch besitzt. Es hat wenig Sinn, zu sagen, eine Person habe zwei Augen und zehn Finger. Viel interessanter ist, dass ihre Augen grün gesprenkelt sind und sie am linken Ringfinger einen Ring mit einer eingearbeiteten Schnecke trägt.

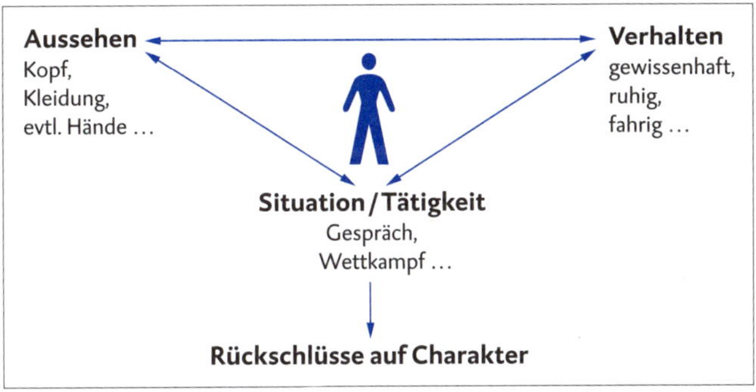

Wie gehst du bei einer Personenbeschreibung vor?

Aufgabenstellung:
Beschreibe deine Freundin Anna, die in einem Pferdestall mithilft.

1 Stoffsammlung

Als Erstes **betrachtest** du die Person genau.
Halte die **Angaben zur Person** fest wie Name, Alter, Beruf usw.
Erstelle nun eine Liste, in der du das **Aussehen** der Person notierst. Bereits hier kannst du auf eine bestimmte Reihenfolge achten, z. B. vom Kopf aus nach unten. Damit stellst du sicher, dass du an alles denkst. Berücksichtige vor allem die **auffälligen** und **typischen Merkmale**.

Person: Anna, 12 Jahre, Schülerin der 6. Klasse der Realschule Steinhausen
allgemeine Erscheinung: für ihr Alter groß, schlank
Kopf: braun gebranntes Gesicht, runde Gesichtsform, breiter Mund, Stupsnase, blaue Augen, lange, blonde Haare, zu einem Zopf geflochten, ovales Muttermal an der rechten Kinnspitze
Kleidung: zerrissene, blaue Turnhose, orange Gummistiefel, Wollpullover, abgenutzte blaue Schirmkappe

2 Stoffordnung

Lege eine **Reihenfolge** für deine Personenbeschreibung fest:

1 *allgemeine Erscheinung: Körperbau und Haltung*
2 *Kopf*
3 *Kleidung*

3 Einleitung

Zunächst stellst du die Person mit den wesentlichen **Angaben** kurz vor. Wenn du die Personen in einer bestimmten Situation beschreiben sollst, erklärst du den **Zusammenhang zwischen Person und Situation**.

Meine Freundin Anna ist zwölf Jahre alt und besucht die 6. Klasse der Realschule Steinhausen. Besonders gerne hilft sie im Pferdestall eines Gestüts am Rande von Steinhausen mit. Daher möchte ich sie so beschreiben, wie sie bei der Stallarbeit aussieht.

4 Hauptteil

Im Hauptteil gibst du die **Merkmale** der Person zusammenhängend und in der festgelegten Reihenfolge wieder. Achte darauf, dass du – falls gefordert – bei deiner Beschreibung auch die **Situation einbindest**.

Mit großen Schritten kommt sie in den Stall. Anna ist schlank und für ihr 1
Alter recht groß, denn sie überragt die meisten Mitschüler in ihrer Klasse.
Sie hat ihre langen, blonden Haare zu einem Zopf geflochten, der auf 2
ihrem Rücken baumelt. Auf dem Kopf trägt sie eine abgenutzte blaue
Schirmkappe, unter der ein Teil ihrer Haare verschwunden ist. Ihre blauen
Augen fallen in ihrem braun gebrannten Gesicht auf. Die Nase selbst ist
eine richtige Stupsnase mit kleinen Nasenflügeln. Sie sitzt über einem
breiten Mund mit eher schmalen Lippen. Was in ihrem Gesicht noch
auffällt, ist ein kleines ovales Muttermal an der rechten Kinnspitze.
Im Stall trägt Anna eine blaue Turnhose, die schon recht alt und an 3
manchen Stellen sogar zerrissen ist, und dazu einen selbst gestrickten
Wollpullover, den schon ihre große Schwester getragen hat und dessen
Farbe nicht mehr eindeutig bestimmt werden kann. Ihre Füße stecken in
orangefarbenen Gummistiefeln, die etwas zu groß für sie scheinen.

5 Schluss

Eine Personenbeschreibung kannst du beenden, indem du kurz auf den **Charakter** der Person eingehst und sie **beurteilst**.

Meine Freundin ist ein sehr einfühlsamer Mensch. Sie sieht nicht nur tatkräftig aus, sondern sie packt auch gerne mal mit an. Deshalb verbringt sie auch viel Zeit im Pferdestall.

3 Berichten

In einem Bericht **informierst** du den Leser über ein Geschehen. Anders als bei der Erzählung geht es hier nicht um Unterhaltung oder Spannung, sondern um eine sachlich genaue Darstellung eines Geschehens. Dabei unterscheidet man, ob es sich um ein **einmaliges Ereignis** wie einen Unfall, eine Katastrophe oder ein Sportereignis handelt (Ereignisbericht) oder ob über eine länger andauernde **Tätigkeit** im Überblick berichtet wird (Tätigkeitsbericht). **Ereignisberichte** findest du z. B. in Zeitungen oder sie werden für Versicherungen verfasst (z. B. Schadensbericht bei einem Unfall). **Tätigkeitsberichte** sind häufig mündliche Vorträge, in denen jemand über seine Tätigkeit als Vereinsvorstand, Mitglied der Schülerverwaltung oder über eine Fernreise berichtet.
Die für einen Bericht wichtigen Informationen erhältst du, wenn du die sieben **W-Fragen** beantwortest:

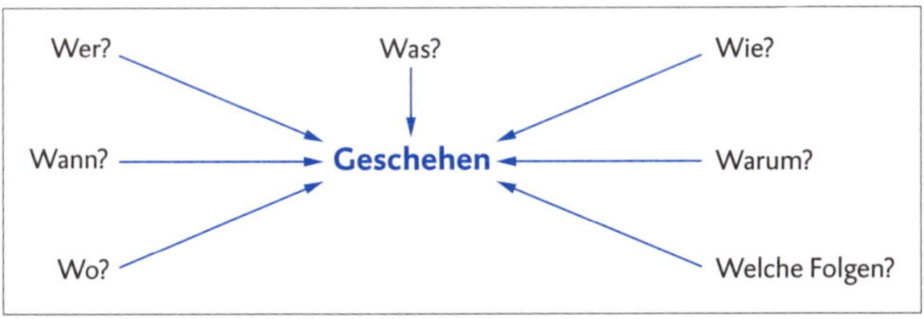

TIPP: Ausgangspunkt ist die **zentrale Frage: „Was** ist geschehen?". Aber auch alle weiteren W-Fragen beantwortest du in deinem Bericht, um den Leser umfassend über das Geschehen zu informieren.

Merkmale des Berichts

Inhalt und **Aufbau** des Berichts sind an eine klare und richtige Darstellung gebunden. Du gibst **Informationen** über Zeit, Ort, die beteiligten Personen und über das Geschehen selbst:

- In der **Einleitung** beantwortest du knapp die W-Fragen:
  Was ist geschehen? **Wer** war daran beteiligt? **Wo** ist es geschehen? **Wann** ist es geschehen?
- Im **Hauptteil** erläuterst du das Geschehen ausführlich, indem du auf die Fragen eingehst: **Wie** ist es geschehen? **Warum** ist es geschehen?
- Der **Schlussteil** gibt in der Regel die Antwort auf die Frage:
  Welche Folgen hatte das Geschehen?

Beschränke dich dabei auf das **Wesentliche** und halte dich genau an die **zeitliche Reihenfolge** des Geschehens. In der Regel verzichtest du auf Rückblenden in die Vergangenheit oder Ausblicke in die Zukunft, außer sie gehören unmittelbar zum Geschehen selbst wie

- der **Auslöser** eines Geschehens (Warum? z. B. *Der Fahrer hatte zu viel getrunken.*) oder
- die **Auswirkungen** eines Geschehens (Welche Folgen? z. B. *Dem Fahrer wird für 12 Monate der Führerschein entzogen.*).

Einen Bericht schreibst du nur anhand von **Tatsachen**; Vermutungen, persönliche Gefühle oder deine eigene Meinung gehören nicht in den Bericht. Das heißt, du stellst das Geschehen **kommentarlos** dar. Die Sprache des Berichts ist daher **sachlich** und genau:

- Achte auf eine möglichst **präzise Wortwahl** (z. B. statt *Haus* besser *zweistöckiges Gebäude, Wohnblock, Geschäftshaus*).
- Dazu gehört auch, dass du **Fachbegriffe** einsetzt, wo es sinnvoll ist.
- Um Aussagen von beteiligten Personen einzubringen, verwendest du **indirekte Rede**. Wörtliche Rede kommt in einem Bericht nicht vor.
- Zur Angabe von Zeit, Ort und Grund dienen **Temporal-**, **Kausal-** und **Lokaladverbiale** bzw. **temporale** und **kausale Nebensätze**.

Die **Zeitstufe** ist **Präteritum**. Vorzeitigkeit drückst du mit dem Plusquamperfekt aus.

Wie gehst du bei einem Bericht vor?

Aufgabenstellung:
Schreibe einen Zeitungsbericht über einen Unfall, der sich am Vortag ereignet hat. Als Grundlage dient dir die aufgeregte mündliche Erzählung des 37-jährigen Radfahrers Matthias B. aus Thalhofen:

„Ehrlich gesagt, ich bin noch ganz durcheinander und mein rechtes Schienbein tut mir immer noch weh nach dieser ganzen Sache. Alles ging so schnell. Ich habe einen Bekannten auf der anderen Straßenseite gesehen und ihm gewunken und da hab' ich wohl nicht mehr so auf die Autos geachtet. Und schon lag ich da. Das Auto, das auf mich zukam, habe ich nämlich erst im letzten Moment gesehen. Eigentlich wollte ich ja meine Mutter um zwei Uhr nachmittags besuchen, die im Tulpenweg wohnt. Und ich war schon recht spät dran, bin flugs aufs Rad gesprungen und losgefahren. In der Ludwigstraße habe ich noch zur Kirchturmuhr hochgesehen. Da war es schon kurz nach zwei. Also nichts wie rein in die Pedale

und schnell nach links in den Tulpenweg abbiegen, habe ich mir noch gedacht. Und als ich gerade abbiegen wollte, sehe ich den Bekannten und dann auf einmal nur noch rot. Denn der Lack des Autos war rot! Mann, der Autofahrer hat vielleicht geschimpft, dabei waren es doch nur ein paar Kratzer. Nach meinen Kratzern hat niemand gefragt! Aber jedenfalls hat er nicht die Polizei gerufen und mir nur seine Adresse gegeben. Ich glaube, er heißt Stefan M."

1 Stoffsammlung

Für einen Bericht brauchst du zunächst **Informationen**. Diese Informationen notierst du dir **ungeordnet** in der Reihenfolge, in der du sie bekommst. Hier wertest du die Aufgabenstellung mit der mündlichen Erzählung aus. Folgende wichtige Angaben kannst du dir dazu notieren:

gestern – Radfahrer Matthias B. (37 Jahre, aus Thalhofen) – rechtes Schienbein verletzt – achtete nicht auf den Verkehr, weil er einen Bekannten sah und ihm zuwinkte – bog ab – Kreuzung Ludwigstraße/Tulpenweg – nachmittags um ca. 14 Uhr – entgegenkommendes Auto erfasst Radfahrer beim Abbiegen – Radfahrer schuld – Auto verkratzt – Schürfwunden des Radfahrers – kein Notarzt, keine Polizei – Stefan M. (Autofahrer)

2 Stoffordnung

Deine Notizen bringst du nun mithilfe der **W-Fragen** in eine geordnete **Reihenfolge**.

***Was** ist geschehen?*	*Unfall: ein Radfahrer wurde von einem Auto leicht verletzt*
***Wer** war beteiligt?*	*Matthias B., 37 Jahre alt, aus Thalhofen (Radfahrer), Stefan M. (Autofahrer)*
***Wo** ist es geschehen?*	*an der Kreuzung Ludwigstraße/Tulpenweg*
***Wann** ist es geschehen?*	*gestern am frühen Nachmittag, ca. 14 Uhr*
***Wie** ist es geschehen?*	*Radfahrer wurde von einem entgegenkommenden Auto erfasst*
***Warum** ist es geschehen?*	*Radfahrer achtete beim Abbiegen nicht auf den Verkehr, weil er einem Bekannten winkte*
***Welche Folgen** hatte das Geschehen?*	*leichte Schürfwunden des Radfahrers, Kratzer am Auto, ohne Polizei und Notarzt*

3 Einleitung

Informiere den Leser in einem **Vorspann** kurz darüber, worum es geht. Beantworte dazu die W-Fragen: **Was?**, **Wer?**, **Wo?** und **Wann?**

TIPP: Zeitungsberichte beginnen in der Regel mit **Ortsangabe** und **Verfasserkürzel** (meist Anfangsbuchstaben von Vor- und Nachname).

Thalhofen (pf). *Am gestrigen frühen Nachmittag wurde der Radfahrer Matthias B., 37, aus Thalhofen beim Abbiegen aufgrund seiner eigenen Unachtsamkeit von einem Pkw erfasst und dabei leicht verletzt.*

4 Hauptteil

Im Hauptteil stellst du das Geschehen mithilfe der weiteren W-Fragen genau dar: **Wie** und **warum** ist es geschehen? Achte dabei auf die exakte **zeitliche Reihenfolge**.
Informationen, die für den Hergang des Geschehens unwesentlich sind, lässt du weg (z. B. Besuch der Mutter, rote Autofarbe).

Gestern um ca. 14 Uhr wollte Matthias B. aus Thalhofen auf der Ludwigstraße nach links in den Tulpenweg abbiegen. Während des Abbiegevorgangs sah er nach eigenen Angaben auf der gegenüberliegenden Straßenseite einen Bekannten, dem er daraufhin zuwinkte. Dabei achtete er nicht mehr auf den Verkehr, setzte jedoch seinen Abbiegevorgang unverändert fort. Ein entgegenkommendes Fahrzeug bemerkte der Radfahrer zu spät, er wurde angefahren und stürzte.

5 Schluss

Im Schlussteil kannst du auf die **Folgen** des Unfalls hinweisen, einen **Ausblick** geben, wie es zwischen den Unfallgegnern weitergehen wird (soweit bekannt), oder du teilst kurz ein **Ergebnis** des Ereignisses mit.

Wegen der schnellen Reaktion des Autofahrers wurde der Radfahrer nur leicht verletzt. Er erlitt ein paar Schürfwunden am rechten Schienbein, die nicht ärztlich behandelt werden mussten. Am Auto wurden leichte Kratzspuren festgestellt. Die Polizei wurde nicht hinzugezogen.

6 Überschrift

Zu einem Bericht gehört auch eine aussagekräftige Überschrift, die den Leser knapp **über das Wichtigste informiert**.

Zusammenstoß zwischen Pkw und Radfahrer

4 Argumentieren

Argumentieren und Erörtern bestimmen weite Bereiche unserer Kommunikation. Wenn wir miteinander reden, wollen wir unser Gegenüber häufig von etwas **überzeugen** und eine **Meinung vertreten**. Denke dabei an Gesprächssituationen im täglichen Leben: So musst du oft **Standpunkte** in einer Diskussion zwischen dir und deinen Mitschülern oder Lehrern, in der Teamarbeit, der Partnerschaft oder zu Hause zwischen dir und deinen Eltern begründen und klären. Selbst wenn es nur um die Festlegung des nächsten Urlaubsziels geht, mit **Argumenten**, die deine Position anschaulich und überzeugend darlegen, wirst du deine Vorstellungen besser durchsetzen können.
Die Technik des schriftlichen Argumentierens musst du z. B. bei einer **begründeten Stellungnahme**, einem **Leserbrief** (→ S. 147–149) oder einem **Antrag** beherrschen, also immer dann, wenn du deinen Standpunkt bzw. deine Meinung begründet darstellen und überzeugen sollst.
In der **Erörterung** als eigener Aufsatzform geht es oft nicht nur darum, dass du deinen eigenen Standpunkt argumentativ untermauerst, sondern verschiedene Standpunkte bedenkst, Argumente gegeneinander abwägst und zu einem **begründeten Ergebnis** gelangst.

4.1 Argumente zu einer Argumentationskette verknüpfen

Eine Argumentationskette ist die **Grundlage für jede Erörterung**. Sie ist auch z. B. in einem Leserbrief oder einem sachlichen Brief notwendig, in dem du einen Antrag begründest oder eine Beschwerde vorbringst. Sie kann aber auch Bestandteil eines persönlichen Briefs sein, wenn du beispielsweise ein Anliegen ausführlich mit mehreren Argumenten begründen willst.

Merkmale einer Argumentationskette

Als Erstes stellst du eine **grundlegende Behauptung (These)** auf, die deinen Standpunkt zum Thema wiedergibt. Diese These musst du nun durch eine bestimmte Anzahl von **Argumenten** stützen.
Eine Reihe von Argumenten zu einer grundlegenden These nennt man eine **Argumentationskette**.

Jedes einzelne Argument ist folgendermaßen aufgebaut:

- Es besteht zunächst wieder aus einer **Behauptung**.
- Diese Behauptung untermauerst du mit einer **Begründung**,
- belegst diese anhand eines **Beispiels**
- und weist auf eine **Folge** oder **Wirkung** hin.
- Wenn es sich anbietet, kannst du das Argument abrunden, indem du einen **Bezug zur Ausgangsbehauptung** herstellst.
- Mit einer **Überleitung** knüpfst du an das nächste Argument an.

Die **Reihenfolge** der Argumente legst du in der Regel so an, dass du **vom schwächeren zum stärkeren Argument** vorgehst, weil dies besonders überzeugend auf den Leser wirkt.

Ziel jeder Argumentation ist es, wichtige Argumente zu einem Thema anschaulich und überzeugend darzustellen. Daher solltest du bei der sprachlichen Gestaltung auf Folgendes achten:

- Formuliere **sachlich**, ohne Übertreibungen, Verallgemeinerungen (z. B. *Alle Schüler sind übergewichtig.*) und persönliche Gefühle.
- Schreibe nur in der **Ich-Form**, wenn du deine **eigene Meinung** äußerst. Um die Argumente **allgemeingültig** darzulegen, drückst du dich **unpersönlich** mithilfe von Passiv-Konstruktionen, der „Man"-Form (statt der „Ich-Form") und Nominalisierungen aus.
- Verwende besser den **Indikativ** anstelle des Konjunktivs bei der Formulierung der Argumente (nicht: *Ein weiteres Beispiel wäre …*, sondern: *Ein weiteres Beispiel ist …*). Dadurch wirken deine Argumente unanzweifelbar und überzeugend.

Aufbau einer Argumentationskette

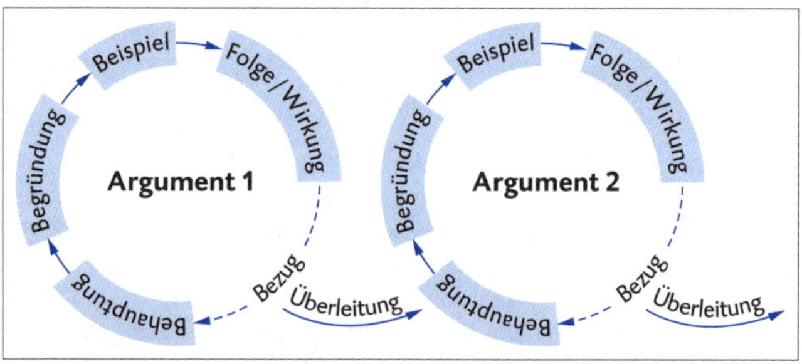

Wie gehst du bei einer Argumentationskette vor?

Aufgabenstellung:
Nimm Stellung zur Frage: Ist ein Tanzkurs für die 9. Jahrgangsstufe an der Schule sinnvoll?

1 Analyse des Themas und Meinungsbildung

Damit du deine Stellungnahme genau auf das Thema beziehst und nicht daran vorbeischreibst, ist eine genaue **Analyse des Themas** nötig. Dabei arbeitest du den **zentralen Begriff** – also das, worum es geht – heraus und erfasst mögliche **Einschränkungen** oder **Präzisierungen** des Themas.

zentraler Begriff:	*Tanzkurs*
Einschränkung/Präzisierung:	*9. Jahrgangsstufe, an der Schule*

Nun bildest du dir eine **Meinung** zum Thema: „Ist ein Tanzkurs an der Schule für die 9. Klassen sinnvoll oder nicht?“. Du musst dich also entscheiden, ob du einen solchen Tanzkurs sinnvoll oder nicht sinnvoll findest. Formuliere nun deine **grundlegende Behauptung (These):**

grundlegende Behauptung:	*Ein Schultanzkurs ist sinnvoll.* *oder* *Ein Schultanzkurs ist nicht sinnvoll.*

Im nachfolgenden Beispiel wird davon ausgegangen, dass du einen solchen Tanzkurs sinnvoll findest.

2 Argumente finden (Stoffsammlung)

Nun musst du für deine grundlegende Behauptung einige sinnvolle und schlüssige Argumente finden. Die Argumente bestehen zunächst nur aus weiteren **Behauptungen**, mit denen du deine These stützt. Das reicht für deine Stoffsammlung. In der Stellungnahme selbst musst du dann die Argumente so ausformulieren, dass du dir zu den Behauptungen entsprechende Begründungen, Beispiele und auch Folgen oder Wirkungen überlegst.
Für das Sammeln der Argumente stehen dir verschiedene Methoden zur Verfügung, z. B. ein **Cluster** oder auch die **W-Fragen-Methode** (→ Arbeitsmethoden, S. 3–5).

So könnte ein Cluster aussehen:

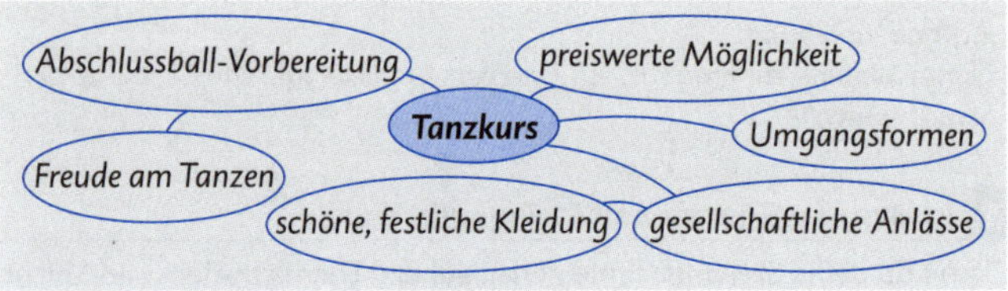

3 Argumente ordnen (Stoffordnung)

In der Regel genügen drei bis vier Argumente in einer begründeten Stellungnahme. Deshalb solltest du dich nur für die Argumente entscheiden, die **am stichhaltigsten** sind. Ordne dabei **vom schwächeren zum stärkeren Argument**.

TIPP: Achte dabei wieder genau auf das Thema und überlege, welche Argumente am besten die Durchführung eines Tanzkurses an der Schule unterstützen.

1 *Vorbereitung auf den Abschlussball*
2 *Erlernen von Umgangsformen*
3 *Tanzen als Bestandteil gesellschaftlicher Anlässe*
4 *preiswerte Möglichkeit, das Tanzen zu lernen*

4 Ein Argument aufbauen

Deine Argumentation beginnst du mit einem **einleitenden Satz** (z. B. mit einem aktuellen Anlass oder mit einer allgemeinen Feststellung) und sagst erst einmal deutlich, was **deine Meinung** zum Thema ist. Das heißt, du stellst eine grundlegende Behauptung auf.
Im Anschluss daran formulierst du die **Argumente** aus. Für jede Behauptung führst du eine Begründung und ein oder mehrere Beispiele als Beleg an. Auch auf mögliche Folgen/Auswirkungen gehst du ein und rundest das Argument gegebenenfalls mit einem Bezug zur Ausgangsbehauptung ab.

Die Hochzeitsfeier meines Onkels vor ein paar Wochen ließ mich zur Überzeugung kommen, dass ein Schultanzkurs sehr sinnvoll ist.	Anlass, Meinung
Zunächst bereitet ein Schultanzkurs die Schüler gut auf den Abschlussball vor, der der glanzvolle Endpunkt eines jeden Schuljahres ist. Um an diesem Ball in angemessener Weise	Argument 1: Behauptung, Begründung

teilnehmen zu können, sind gute Tanzkenntnisse erforderlich. Wer nicht richtig tanzen kann, traut sich nicht auf die Tanzfläche oder muss ablehnen, wenn er/sie zum Tanz aufgefordert wird. Nur wer sich sicher und gewandt beim Tanzen bewegen kann, hat Spaß an einer solchen Veranstaltung. Daher sollte die Schule unbedingt einen solchen Kurs für alle Schüler zur Vorbereitung anbieten.

Beispiele

Folge/Wirkung

Bezug zur Behauptung

5 Argumente zu einer Argumentationskette verknüpfen

Nun geht es darum, dass du die einzelnen Argumente miteinander verknüpfst und von einem Argument zum anderen **überleitest**. Dadurch entsteht eine Argumentationskette. Für solche Überleitungen nimmst du den **Hauptgedanken des vorangehenden Arguments** nochmals auf und verbindest ihn mit dem nächsten Argument.
Sinnvolle **Verknüpfungsmöglichkeiten** sind sprachliche Wendungen wie *weiterhin, darüber hinaus, auch, aber auch, sowohl … als auch, nicht nur …, sondern auch, zu bedenken ist, hinzukommt, außerdem, neben, zunächst, zuerst, an erster Stelle* usw.

TIPP: Stelle eine Liste von Verknüpfungen zusammen. Vermeide aber inhaltsleere Floskeln wie *ein weiterer Punkt wäre* oder *nun werde/möchte ich zu … überleiten.*

Nach jedem vollständigen Argument machst du einen **Absatz**.

Neben einer guten Vorbereitung auf den Abschlussball bietet ein Schultanzkurs auch die Gelegenheit, wichtige Umgangsformen zu erlernen. (…)

Überleitung zu Argument 2

6 Ein Fazit ziehen

Wenn du alle Argumente vorgebracht hast, solltest du abschließend noch einmal deutlich machen, welche Meinung du vertrittst und ein **Ergebnis** (Fazit) formulieren. Dabei kannst du deine Argumente zum Thema noch einmal kurz **zusammenfassen** oder auf deine nun überzeugend begründete Meinung zum Thema verweisen.

Die Möglichkeit, einen Tanzkurs im Rahmen der 9. Jahrgangsstufe besuchen zu können, nehmen aus den genannten Gründen sicher viele Schülerinnen und Schüler gerne wahr. Daher bin ich der Meinung, dass Schulen auf jeden Fall regelmäßig ein solches Angebot ermöglichen sollten.

4.2 Erörtern

Im Unterschied zur einfachen Argumentationskette dient die Erörterung der **Urteilsfindung** über einen Sachverhalt oder ein Problem. Das heißt, du setzt dich auf der Basis von Argumenten mit einem Thema auseinander, indem du z. B. auf Vor- und Nachteile, Folgen und Gründe eingehst und deine **eigene Position** anschaulich und überzeugend darstellst.
Man unterscheidet folgende Erörterungsarten:

- **einteilige Erörterung**
  Das Thema besteht aus einer Frage, z. B.
  Was spricht für die Einführung von Schuluniformen?
- **zweiteilige Erörterung**
  Das Thema umfasst zwei Fragen, oft gegenüberstellender Art (Chancen/Gefahren, Nachteile/Vorteile, Probleme/Maßnahmen), z. B.
  Neue Freunde im Internet kennenlernen. Welche Vorteile und welche Nachteile sind mit Chatrooms und Internetforen verbunden?
- **Stellungnehmende Erörterung**
  Nach der Gegenüberstellung der Vor- und Nachteile eines Sachverhalts nimmst du abschließend Stellung, indem du deinen eigenen Standpunkt erläuterst, z. B. *Was spricht für und was spricht gegen den Führerschein ab 17? Wie stehst du dazu?*

Merkmale des Erörterns

Bei einer Erörterung gelten grundsätzlich die gleichen **Merkmale** wie bei einer einfachen **Argumentationskette** (→ S. 53 f.).
Darüber hinaus wird in der Regel von dir verlangt, dass du deine Argumente in einer **Gliederung** strukturierst, in einer **Einleitung** zum Thema hinführst und deine Erörterung mit einem **Schluss** beendest.

- Wenn du das Thema genau analysiert hast, sammelst und ordnest du deine Gedanken dazu. Du legst die Reihenfolge so an, dass du vom weniger wichtigen zum wichtigsten Argument vorgehst. Auf der Grundlage dieser Stoffordnung erstellst du eine **Gliederung**, bei der du eine bestimmte äußere Form einhalten musst (→ S. 9 f.). Sie ist zugleich auch der Arbeitsplan für deinen Aufsatz.
- In der **Einleitung** führst du den Leser zum Thema hin, indem du beispielsweise deine persönlichen Erfahrungen mit dem Thema oder ein aktuelles Ereignis ansprichst. Am Ende der Einleitung formulierst du den **Arbeitsauftrag mit eigenen Worten** und leitest so zum Hauptteil über.

- Im **Hauptteil** entwickelst du eine **Argumentationskette**, mit der du einen Sachverhalt erörterst: Halte dich dabei an die in der Gliederung festgelegte Reihenfolge der Argumente. Jedes Argument besteht dabei aus **Behauptung**, **Begründung**, **Beispiel** und **Folge/Wirkung**. Achte darauf, dass du die einzelnen Argumente sprachlich miteinander **verknüpfst**.
- Mit einem **Schlussgedanken** rundest du deinen Aufsatz ab, indem du deine eigene Meinung noch einmal deutlich darlegst und zu einem abschließenden **begründeten Ergebnis** kommst.

Wie bei einer einfachen Argumentationskette solltest du auch bei der Erörterung auf eine **sachliche Sprache** achten (→ S. 54).
Folgende Liste zu **Verben des Argumentierens** dient dir dabei als Formulierungshilfe; du kannst sie natürlich selbstständig erweitern:

- **Verben mit Präposition + Akkusativ:** *achten auf, aussprechen für, sich berufen auf, hoffen auf, werben für, sich konzentrieren auf, reagieren auf, Bescheid wissen über* usw.
- **Verben mit Präposition + Dativ:** *sich befassen mit, zweifeln an, mangeln an, basieren auf, fragen nach, folgern aus, Schlüsse ziehen aus, ergeben aus, fragen nach* usw.

Wie gehst du bei einer Erörterung vor?

Aufgabenstellung:
Zeige auf, wie der Einzelne Energie sparen kann.

1 Analyse des Themas

Eine genaue Analyse ist die Voraussetzung für eine überzeugende Auseinandersetzung mit dem Thema. Dazu zerlegst du die Aufgabenstellung in ihre Bestandteile. Als Erstes stellst du die Frage: „Worum geht es?“ Die Antwort darauf ist der **zentrale Begriff** des Themas.

zentraler Begriff: *Energie sparen*

Als Nächstes untersuchst du, inwieweit der zentrale Begriff in der Aufgabenstellung **präzisiert** bzw. **eingeschränkt** wird. Überlege, ob bestimmte Gesichtspunkte im Thema angesprochen werden. Dadurch weißt du nun genau, worüber deine Erörterung gehen soll.

Einschränkung/Präzisierung: *der Einzelne (also du, deine Eltern und andere Einzelpersonen in ihrem eigenen Lebensbereich, aber nicht: der Staat, die Industrie usw.)*

Denke nun darüber nach, **was du konkret darstellen sollst**. Bei einer Erörterung geht es beispielsweise um die Auseinandersetzung mit Möglichkeiten, Gefahren, Vorteilen, Nachteilen, Gründen, Chancen, Risiken, Erwartungen, Aspekten oder Motiven für bzw. gegen etwas usw. Dafür musst du die in der Aufgabenstellung formulierten Angaben oft in einfache Begriffe umformulieren.

*Das Wort „**wie**" macht deutlich, dass es um verschiedene **Möglichkeiten** geht, mit denen der Einzelne Energie sparen kann.*

Formuliere den **Arbeitsauftrag** für dich noch einmal **neu** mit deinen eigenen Worten.

Arbeitsauftrag in eigenen Worten:
Welche Möglichkeiten hat der Einzelne, Energie zu sparen?

2 Stoffsammlung

Bei der Stoffsammlung geht es darum, dass du alle aus der Aufgabenstellung herausgearbeiteten Bestandteile genau **hinterfragst**.
Eine Stoffsammlung kannst du auf verschiedene Art und Weise anfertigen (→ Arbeitsmethoden, S. 3–5). Eine sinnvolle Möglichkeit besteht darin, mithilfe von **W-Fragen** an die **Kernbegriffe** des Themas heranzugehen und zu fragen, was damit im Einzelnen gemeint ist. Die gefundenen Antworten kannst du jeweils noch weiter hinterfragen. So erhältst du viel **Material für die Ausarbeitung des Aufsatzes**, das heißt neben den notwendigen Argumenten auch Grundlagen für Begründungen, Beispiele, Folgen und Auswirkungen.

zum Begriff „Energie":
Welche Arten von Energie gibt es? *Wärme, Licht, Kraftstoff, Strom …*
Welche Energieträger gibt es? *Kohle, Erdöl, Erdgas, Uran (Kernenergie), Wasser, Wind, Sonne …*
Wofür braucht der Einzelne Energie? *für Heizung, Licht, elektrische Geräte, Warmwasser, Fortbewegung (Auto), Kühlung …*
Wer/Was verbraucht Energie? *Heizung, Warmwasser, Küchengeräte, Fernseher, PC, Beleuchtung, Auto, Roller …*

zum Begriff „(Energie) sparen":
Was bedeutet sparen? *Einschränkung des Verbrauchs und der Kosten*
Welche Energieträger soll man einsparen? *v. a. fossile Energieträger, die nicht unbegrenzt vorhanden sind und die zu Umweltverschmutzung (Kohle, Erdöl und auch Erdgas) bzw. unabsehbaren Langzeitfolgen (Uran/Kernenergie) führen*

Wie kann man Energie sparen? *durch Sparsamkeit, bessere Ausnutzung, Verringerung des Energieverlusts, bewusstes Verhalten …*
Wo kann man einsparen? *bei der Heizung, Beleuchtung, beim Betrieb von elektrischen Geräten, Autofahren, Warmwasserverbrauch …*

zum Begriff „wie“:
Welche Möglichkeiten/Maßnahmen gibt es? *stromsparende Geräte, moderne Heizungen, sinnvolles Lüften und Heizen, gedämmte Außenwände, Solarenergienutzung, Verzicht auf unnötiges Autofahren, Nutzung von öffentlichen Verkehrsmitteln, Radfahren, energiesparende Fahrzeuge bzw. Fahrweise, Fahrgemeinschaften …*
In welche Bereiche kann man diese Möglichkeiten unterteilen?
Stromverbrauch, Energieverbrauch für Heizung und Warmwasser, Kraftstoffverbrauch für Auto, Roller …

3 Stoffordnung

Die in der Stoffsammlung gefundenen Behauptungen musst du nun ordnen, beispielsweise mithilfe von **Oberbegriffen** oder in Form einer **Mindmap** (→ Arbeitsmethoden, S. 6–8).

TIPP: Bei unserem Beispielthema geht es um den privaten Energieverbrauch des einzelnen Menschen. Um die Stoffsammlung nach Oberbegriffen zu ordnen, kannst du z. B. nach den Energiearten Bereiche bilden und deine Ideen nach Stromverbrauch, Heizenergieverbrauch und Kraftstoffverbrauch aufteilen. Eine weitere Möglichkeit ist die Aufteilung nach den Bereichen, in denen man Energie sparen kann, also bei Haushaltsgeräten, bei der Heizung und im Verkehr.

energiesparende Haushaltsgeräte Verwendung von Energiesparlampen Verzicht auf Stand-by-Betrieb	*Stromverbrauch*
niedrige Raumtemperatur moderne Heizungen sinnvolles Lüften und Heizen gedämmte Außenwände	*Heizenergieverbrauch*
Verzicht auf unnötiges Autofahren Nutzung öffentlicher Verkehrsmittel und des Fahrrads energiesparende Fahrzeuge Bildung von Fahrgemeinschaften	*Kraftstoffverbrauch*

4 Gliederung

Erstelle eine Gliederung nach dem Schema **Einleitung**, **Hauptteil** (mit Ober- und Unterpunkten) und **Schluss** (→ S. 9 f.).

Einleitung
Der größte Teil unseres Energiebedarfs wird durch die fossilen Energieträger Erdöl, Erdgas, Kohle und Uran gedeckt

Hauptteil
Wie kann der Einzelne Energie sparen?

1 *Einsparungen beim Stromverbrauch*
   a) *Verwendung energiesparender Haushaltsgeräte*
   b) *Einsatz von Energiesparlampen*
   c) *Verzicht auf Stand-by-Betrieb*

2 *Einsparungen beim Heizenergieverbrauch*
   a) *Einbau moderner Heizungsanlagen*
   b) *Sinnvolles Heizen und Lüften*
   c) *Maßnahmen zur Wärmedämmung*
   d) *Nutzung der Sonnenenergie*

3 *Einsparungen beim Kraftstoffverbrauch*
   a) *Verzicht auf unnötige Autofahrten*
   b) *Nutzung öffentlicher Verkehrsmittel und des Fahrrads*
   c) *Kauf von energiesparenden Fahrzeugen*
   d) *Bildung von Fahrgemeinschaften*

Schluss
Der Nutzung erneuerbarer Energien wie Sonne und Wind gehört die Zukunft

5 Einleitung

Mit deinem Einleitungsgedanken **führst du zum Thema hin** und **weckst das Interesse** des Lesers für das Problem, den Sachverhalt bzw. deine Ausführungen. Du kannst dies tun, indem du

- von einem persönlichen Erlebnis/einer eigenen Erfahrung ausgehst,
- einen aktuellen oder historischen Bezug herstellst,
- mit einer allgemeinen Feststellung beginnst,
- ein passendes Zitat, ein Sprichwort oder eine Redensart angibst,
- den/die Kernbegriff(e) der Themenstellung definierst und erläuterst.

Am Schluss der Einleitung musst du auf die gestellte **Frage** zu sprechen kommen. Leite damit zum Hauptteil über.

TIPP: Achte darauf, dass du in der Einleitung **keine Argumente** aus dem Hauptteil vorwegnimmst.

Der größte Teil unseres Energiebedarfs wird durch die fossilen Energieträger Erdöl, Erdgas, Kohle und Uran gedeckt. Für die Heizung von Gebäuden sind Erdöl und Erdgas entscheidend. Völlig abhängig vom Erdöl ist der Straßenverkehr und es gibt gegenwärtig leider noch keinen richtigen Ersatz dafür. Auch um Strom zu erzeugen, benötigt man Erdgas, Kohle oder Kernenergie. Jedoch sind diese Energieträger entweder nicht unbegrenzt verfügbar und führen zu Umweltverschmutzung (wie Erdöl, Kohle und Erdgas) oder sie haben unabsehbare Langzeitfolgen (wie die Kernenergie).	Einleitungsgedanke
Schon alleine deswegen muss man sich die Frage stellen, welche Möglichkeiten jeder Einzelne von uns hat, Energie zu sparen.	Überleitung: Frage

6 Hauptteil

Nun formulierst du die einzelnen Gliederungspunkte der Reihe nach zu **Argumenten** aus und verbindest sie zu einer **Argumentationskette** (→ S. 53–57). Jedes Argument setzt sich zusammen aus

- der Behauptung (siehe einzelne Gliederungspunkte),
- einer Begründung,
- einem oder mehreren Beispielen,
- der Folge oder Wirkung.

TIPP: Nach jedem vollständigen Argument machst du einen **Absatz**. Besonders gut ist es, wenn du von einem Argument zum nächsten **überleitest**, indem du sie sprachlich miteinander verknüpfst (→ S. 57).

Das folgende Beispiel enthält nur einen Ausschnitt aus der Erörterung:

Ein weiterer wichtiger Bereich, in dem Maßnahmen zur Energieeinsparung spürbar greifen können, ist der Kraftstoffverbrauch.	Überleitung zu 3
Jeder Autobesitzer kann auf überflüssige Fahrten verzichten und dadurch Benzin oder Diesel sparen.	a) Behauptung
Gerade die sogenannten Kurzstreckenfahrten, bei denen der Motor in der Kaltlaufphase oft doppelt so viel Kraftstoff verbraucht, lassen sich vermeiden, indem man zu Fuß geht oder mit dem Fahrrad fährt.	Begründung
Viele tägliche Besorgungen, wie etwa der Weg zum Briefkasten oder zur Bank lassen sich so zurücklegen.	Beispiele
Nebenbei spart man sich oft die lästige Parkplatzsuche und tut etwas für seine Gesundheit.	Folge/Wirkung

Was für den Verzicht auf das Auto für Kurzstrecken gilt, spielt erst recht für längere Strecken eine Rolle. Hier kann man oft auf öffentliche Verkehrsmittel oder auch auf das Fahrrad ausweichen. Busse und Bahnen stellen eine zuverlässige und preiswerte Alternative zum eigenen Wagen dar …

Überleitung zu b) Behauptung

Begründung

7 Schluss

Schließe den Aufsatz mit einem sinnvollen Schlussgedanken ab. Seine Aufgabe ist es, ein **Ergebnis** zur vorausgehenden Argumentationskette zu formulieren. Du solltest zum Schluss auf jeden Fall ein **eigenes Urteil** abgeben. Ergänzend kannst du

- eine sinnvolle, weiterführende Lösung anbieten,
- Konsequenzen aufzeigen oder
- einen Appell an den Leser richten.

Bedenkt man die sehr begrenzten Reserven der fossilen Energieträger, gehört die Zukunft auf jeden Fall den erneuerbaren Energieträgern wie Sonne und Wind. Sie stehen unbegrenzt zur Verfügung und die Produktion von Strom aus Wind- und Sonnenkraft setzt kein klimaschädigendes Kohlendioxid frei. Daher bin ich der Meinung, dass es nicht nur darum geht, Energie zu sparen. Dies ist nur in einem begrenzten Rahmen möglich, denn wir brauchen für unser tägliches Leben Energie. Um in Zukunft Energie sinnvoll nutzen zu können, müssen wir also verstärkt auf Solar- und Windenergie setzen.

Überleitung

Schlussgedanke

Folge/Aufruf

4.3 Erörtern zu einer Text- oder Materialgrundlage

Bei einer Erörterung, die sich auf eine Text- oder Materialgrundlage bezieht, werden dir zusätzliche **Anregungen** und **Hilfestellungen** gegeben. Der Sachverhalt oder das Problem, das du erörtern sollst, wird auch in den beigefügten Materialien angesprochen (z. B. in einer bestimmten Textaussage, in statistischen Angaben eines Schaubilds). Mögliche **Materialien**, mit denen du dich im Rahmen einer Erörterung auseinandersetzen musst, können sein:

- kürzere Sachtexte oder Sachtextauszüge (z. B. aus Zeitungen, Zeitschriften, Sachbüchern oder dem Internet),
- literarische Texte (meist in Verbindung mit einer vorhergehenden Interpretation, → S. 95–114),
- Interviews und Umfragen,
- einzelne Zitate oder Begriffserklärungen,
- Statistiken in Form von Tabellen, Diagrammen (Schaubildern) und Karten,
- Bilder wie Karikaturen, Zeichnungen, Fotos, Plakate.

Die Materialien unterstützen dich also in der Regel dabei, das Thema **besser zu verstehen** und von allen Seiten zu durchleuchten. Mit ihrer Hilfe gelingt es dir, weitere **Argumente**, Begründungen oder Beispiele für deinen Aufsatz zu finden.
Zudem wird deine Fähigkeit überprüft, **sinnerfassend zu lesen** und verschiedene Textarten und Darstellungsweisen (z. B. Diagramme) auszuwerten.

TIPP: Da in einem Text oder in einem Diagramm eine Vielzahl von Informationen enthalten sein können, kommt es auch darauf an, dass du **Wichtiges von Unwichtigem unterscheiden** kannst.

Merkmale des Erörterns zu einer Materialgrundlage

Für die Erörterung zu einer Text- oder Materialgrundlage gelten die gleichen **Arbeitsschritte** (Analyse des Themas, Stoffsammlung, Stoffordnung, Gliederung, Ausarbeitung des Aufsatzes) wie bei der Erörterung ohne Materialien (→ S. 58–64). Darüber hinaus solltest du hier Folgendes beachten:

- Die **Auseinandersetzung** mit dem Text bzw. mit dem Material soll am Anfang deiner Arbeit stattfinden, also **vor der Stoffsammlung**. Dabei entscheidest du, **was für das Thema wichtig ist** und was du verwenden möchtest.

- Anschließend legst du fest, **wie** du die Aussagen aus dem Text bzw. die Angaben aus dem Material verwendest, z. B. in der **Einleitung**, zur Veranschaulichung von Argumenten oder als Grundlage für Argumente im **Hauptteil** deiner Erörterung.
- Textstellen, die du wörtlich übernimmst, musst du als **Zitate** kennzeichnen. Wenn du dich auf Daten aus den Materialien beziehst, musst du auf die **Quelle** verweisen.

Wie gehst du beim Erörtern zu einer Materialgrundlage vor?

Aufgabenstellung:
Zeige auf, wie der Einzelne Energie sparen kann.
Beziehe den Text und das Schaubild in deine Überlegungen mit ein.

Textbeispiel: Interview mit einem Energieberater (Ausschnitt)

(…) **Frage:** Sie als Energieberater müssen den Überblick über die Verbesserungen beim Einsatz von Energie haben.
Energieberater: Ja, natürlich, das ist meine Aufgabe. Ich berate die Kunden, auf welche Weise sie ihr Haus energieeffizienter machen können. Dabei beginnen wir meistens bei den Fenstern und bei den Außenwänden.
Frage: Welche Maßnahmen helfen hier weiter?
Energieberater: Mit dem Einsatz von Wärmedämmglas, also Zweifach- oder Dreifachverglasungen lassen sich bereits gute Einsparungen machen. Noch wirkungsvoller ist die Dämmung der Außenwände mit Wärmedämmmaterial, das entweder außen oder innen angebracht werden kann.
Frage: Welche Maßnahmen gibt es rund ums Haus noch?
Energieberater: Nun, bei den Dämmmaßnahmen bieten sich noch Möglichkeiten der Dachdämmung und der Dämmung der Kellerdecke an. Wenn man zusätzlich noch die Decke zum unbeheizten Speicher zum Beispiel mit Mineralwolle abdichtet, dann hat man in diesem Bereich alle Möglichkeiten ausgeschöpft und man wird sich wundern, was das ausmacht, Einsparungen über 60 Prozent der früheren Heizkosten. (…)

Schaubild: Energieverbrauch privater Haushalte

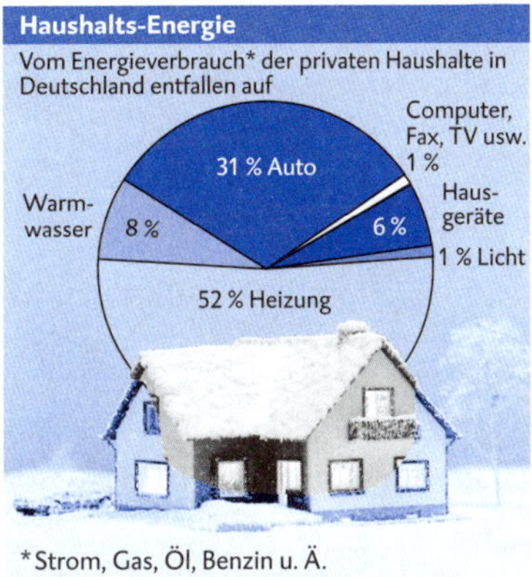

Quelle: VDEW

Grundsätzlich gehst du beim Erörtern zu einer Materialgrundlage genauso vor wie bei der Erörterung ohne Material (→ S. 58–64). Zudem beachtest du folgende Arbeitsschritte:

1 Auswertung der Materialien (Stoffsammlung)

Bei **Texten** bzw. **Textauszügen** gehst du folgendermaßen vor:

- Als Erstes **liest** du den Text genau durch.
- Danach hältst du fest, **worum es in dem Text geht**. Dafür wertest du den Text nach Sinnabschnitten aus und fasst jeden Sinnabschnitt am besten in Form einer Überschrift stichwortartig zusammen.
- Markiere besonders **aussagekräftige Textstellen**, damit du dich gegebenenfalls in deiner Erörterung auf sie beziehen kannst.

Bei der Auswertung von **Tabellen** und **Diagrammen** gehst du so vor:

- Zuerst **klärst** du alle Angaben und Begriffe.
- Überlege, **was dargestellt ist** und worüber die Zahlen, Säulen, Kreissegmente oder Kurven Auskunft geben.
- Markiere **auffällige Zahlen** und stelle **Zusammenhänge** zwischen ihnen her.

Bei dem **Textbeispiel** handelt es sich um einen Interviewauszug zum Thema „Verbesserungen beim Einsatz von Energie".
Der Energieberater gibt Auskunft über seine Aufgabe und vor allem über Maßnahmen, mit deren Hilfe sich der Energieverbrauch von Häusern senken lässt (sie energieeffizienter macht).
Die im Text genannten Maßnahmen sind:

Dämmung von Fenstern durch Zweifach- oder Dreifachverglasung,
Dämmung der Außenwände mit Wärmedämmmaterial,
Dämmung der Kellerdecken und des Daches, z. B. mit Mineralwolle;
Ergebnis dieser Maßnahmen: Einsparungen über 60 % der früheren Heizkosten

Bei dem **Schaubild** handelt es sich um ein kreisförmiges Diagramm, das den Energieverbrauch der privaten Haushalte nach Art und Prozentanteil darstellt. Hier kannst du Folgendes für die Stoffsammlung deiner Erörterung notieren:

für Heizung: mehr als die Hälfte des Energieverbrauchs (52 %),
für Heizung und Warmwasser zusammen: fast zwei Drittel (60 %),
für Autofahrten (Kraftstoffe!): fast ein Drittel (31 %),
für Haushaltsgeräte, Beleuchtung, Computer, Fax, Fernsehen usw. (reiner Stromverbrauch!): „nur" 8 %

2 Verwendungsmöglichkeiten für den Aufsatz

Überlege, wie du die Textaussagen bzw. die Angaben aus den Materialien in deiner Erörterung einsetzen kannst. Du kannst sie verwenden, um

- **neue Argumente** zum Thema zu entwickeln,
- deine Behauptungen aussagekräftig zu **begründen**,
- deine Argumente mit **Beispielen** zu veranschaulichen,
- eine zum Thema hinführende **Einleitung** zu formulieren und
- einen abschließenden Gedanken für den **Schluss** zu schreiben.

Das Kreisdiagramm weist dich darauf hin, in welchen Bereichen Energie eingespart werden kann. Du kannst daraus mögliche **Oberbegriffe** für deine Stoffordnung bzw. Gliederung ableiten. Zudem kannst du die angegebenen Zahlen z. B. für eine **Einleitung** verwenden.

Betrachtet man die beigefügte Grafik zum Energieverbrauch der deutschen Haushalte genauer, fällt auf, dass 60 Prozent der eingesetzten Energie aus Strom, Gas, Öl usw. für Heizung und Warmwasser verwendet werden. Auch das Auto ist mit 31 Prozent am Energieverbrauch der Privathaushalte beteiligt. Weniger ins Gewicht fällt der Stromverbrauch für Haushaltsgeräte, Beleuchtung, Computer, Fax, Fernsehen usw. Vor dem Hintergrund steigender Energiepreise stellt sich aber für alle drei Bereiche die Frage, wie der Einzelne Energie einsparen kann.

Einleitungsgedanke

Überleitung: Frage

Aus dem Textbeispiel lässt sich ein **überzeugendes Argument** gewinnen: Vor allem der Hauptenergiebedarf für die Heizung kann durch aktive Dämmmaßnahmen verringert werden. Entsprechend ausgewertet, gibt der Textausschnitt mehrere Antworten, mit denen du dein Argument begründen und vor allem veranschaulichen kannst.

Die meiste Energie muss, wie wir gesehen haben, für die Beheizung der Gebäude aufgewendet werden. Hier müssen Maßnahmen ansetzen, die die Wärmeverluste so gering wie möglich halten. Dies geschieht heute mit umfangreichen Maßnahmen zur Wärmedämmung des Mauerwerks und der Fensteröffnungen. Energieberater empfehlen eine Wärmedämmverglasung mit Zweifach- oder Dreifachverglasungen. Im Bereich der Dämmung der Wände schlagen sie vor allem die Dämmung der Außenwände, der Keller- und Speicherdecken und des Daches, zum Beispiel mit Mineralwolle, vor. Auf diese Weise lassen sich nach Aussagen eines Energieberaters im vorliegenden Interview die Heizkosten um ca. 60 Prozent verringern. Bedenkt man die aktuellen Energiepreise und rechnet man den sicheren weiteren Anstieg der Preise mit ein, dann wird klar, dass sich eine solche Investition sehr schnell bezahlt machen wird.

Argument: Behauptung, Begründung, Beispiele

Folge/Wirkung

5 Formalisierte Schreibformen

Bei den formalisierten Schreibformen musst du dich an bestimmte vorgeschriebene **Formen** halten. Viele dieser Schreibformen sind eine persönliche Visitenkarte, z. B. wenn es um eine **Bewerbung** geht.
Bei der Gestaltung solltest du dich an die DIN-Regeln halten. Informationen dazu bekommst du unter anderem im Duden, aber auch auf entsprechenden Internetseiten oder in Informationsbroschüren z. B. zum Thema „Wie bewerbe ich mich richtig?". Beachte, dass sich solche Normen verändern können und benutze deshalb immer die aktuellsten Informationen.
Besonders festgelegt ist die Form von **Bewerbungsschreiben**, **Lebensläufen** und **Protokollen**. Aber auch für **Briefe** gelten einige formale Regeln, die du einhalten musst.

5.1 Persönlicher Brief

Einen persönlichen Brief schreibst du, wenn du dich **bedanken**, jemanden **einladen** oder einen dir nahestehenden Menschen an deinem Leben teilhaben lassen willst. Auch **Liebesbriefe** sind natürlich persönliche Briefe.
Du glaubst, **E-Mails** hätten das Briefeschreiben weitgehend ersetzt? Doch E-Mails sind nichts anderes als elektronisch verschickte Briefe und du solltest die Regeln auch hier weitgehend einhalten, damit deine Botschaften einen guten Eindruck erwecken.

Merkmale eines persönlichen Briefs

Auch ein Brief ist aus Einleitung, Hauptteil und Schluss aufgebaut:

- In der **Einleitung** kannst du an einen vorhergehenden Brief, den du vom Empfänger erhalten hast, anknüpfen oder an euer letztes Zusammentreffen erinnern.
  Beachte: Jeder Brief besitzt einen **Anlass**, den du in der Einleitung klar herausarbeiten musst.
- In den **Hauptteil** schreibst du alle wichtigen Einzelheiten und Mitteilungen für den Leser.
- Im **Schluss** kannst du an den Empfänger einen Wunsch oder eine Frage richten oder ihn um eine Antwort bitten.

Wenn du einen neuen Gedanken beginnst, machst du einen **Absatz**.

Darüber hinaus muss dein Brief folgende formale Angaben enthalten:

- Du beginnst mit dem **Briefkopf**, der Angaben zu **Ort** und **Datum** sowie eine passende **Anrede** an den Empfänger enthält, z. B. *Lieber …, Sehr geehrte/r Frau/Herr …, Hallo …*
- Du beendest den Brief mit einer geeigneten **Grußformel** und deiner **Unterschrift**, z. B. *Herzliche Grüße …, Mit den besten Grüßen …, Liebe Grüße und bis bald …*

Bei den Anredepronomen gelten folgenden Schreibregeln:

- Die **persönlichen Anredeformen** kannst du im Brief entweder einheitlich klein- oder großschreiben:
  Also entweder *du, dein, ihr, euer* usw.
  oder *Du, Dein, Ihr, Euer* usw.
- Die **Höflichkeitsform *Sie*** (bzw. *Ihr* als entsprechendes Possessivpronomen) wird stets großgeschrieben.

Die **Zeitstufe** richtet sich nach dem Inhalt:

- Gibst du etwas Vergangenes wieder, verwendest du **Präteritum** oder **Perfekt**.
- Bei Inhalten, die gegenwärtig geschehen, schreibst du im **Präsens**.
- Wenn du dich auf Zukünftiges beziehst, formulierst du im **Futur**.

Der **sprachliche Stil** eines persönlichen Briefs sollte **freundlich** und **verbindlich** sein. Das bedeutet, dass du mit deinen Worten die Nähe und Verbundenheit mit dem/der Empfänger/in zum Ausdruck bringst. Dies gelingt dir z. B. durch

- mehrmalige persönliche Anrede,
- Fragen an den/die Empfänger/in,
- Hinweise auf gemeinsame Erlebnisse oder
- mitfühlende Äußerungen.

Wie gehst du bei einem persönlichen Brief vor?

1 Stoffsammlung

Halte zuerst das **Anliegen des Briefs** fest: z. B. Mitteilung von Neuigkeiten oder Erlebnissen, Glückwunsch, Dank, Ankündigung eines Besuchs. Davon ausgehend sammelst du alles, was dir dazu einfällt.

TIPP: Nimm auch die **Perspektive des Empfängers** ein: Was interessiert ihn? Wie ist sein Vorwissen? Welche Informationen benötigt er?

2 Stoffordnung

Nun bringst du die gesammelten Gedanken in eine sinnvolle Ordnung: Halte dich an eine **zeitliche Reihenfolge** und baue den Brief nach einzelnen, inhaltlich zusammenpassenden Schritten auf (z. B. Neuigkeiten, Erlebnisse, Fragen an den Empfänger usw.).

3 Einleitung

Beginne mit dem kompletten **Briefkopf**, bestehend aus Ort, Datum und Anrede. Die Anrede schließt du in der Regel mit einem Komma ab, danach schreibst du klein weiter (siehe Beispiel).

TIPP: Nach einem kurzen Einleitungsgedanken (z. B. Bezug auf einen vorhergehenden Brief) nennst du den **Anlass** deines Briefs.

4 Hauptteil

Ausgestaltung der Mitteilungen (Neuigkeiten, Erlebnisse usw.):
Halte dich an die Reihenfolge, die du in der Stoffordnung festgelegt hast.

Sprachliche Gestaltung:
Sprich deinen Empfänger möglichst oft direkt an, indem du Nachfragen stellst, Wünsche äußerst usw.
Wähle einen freundlichen Ton und schreibe die Sätze so, wie wenn man miteinander sprechen würde.

5 Schluss

Zur **Abrundung** des Briefs wählst du einen verbindlichen Schlussgedanken, z. B. Wunsch für ein Wiedersehen, für gute Gesundheit, für Erfolg in einer Prüfung, und beendest dann den Brief mit einer geeigneten **Grußformel** einschließlich **Unterschrift**.

Aufgabenstellung:
Schreibe einen Brief an eine/n Schulfreund/in, die/der mit ihren/seinen Eltern ins Ausland gezogen ist.

Lösung:

Burghausen, 11. Juni 2008	Ort, Datum
Lieber Valentin,	Anrede
nun bist du schon seit fünf Monaten an deiner neuen Schule in Shanghai. Über deine Ansichtskarte habe ich mich sehr gefreut. Die vielen Wolkenkratzer sehen toll aus.	Einleitung Bezug auf Ansichtskarte
Du hast mich gebeten, dich auf dem Laufenden zu halten, was es alles Neues an deiner alten Schule gibt. Seit deinem Umzug ist ziemlich viel passiert. Gleich nach den Osterferien hatten wir eine Projektwoche über das Leben der Indianer. Im Schulhof wurde ein großes Tipi aufgebaut, in dem jede sechste Klasse einmal übernachten durfte – auch unsere Klasse! Abends haben wir an einem Lagerfeuer gegrillt und uns gegenseitig indianische Märchen vorgelesen. Und stell dir vor: Wir haben dann sogar auch noch getrommelt und getanzt. Zuerst war das ganz schön peinlich! Zuerst hat nur Frau Wolter, unsere Lehrerin, mit ein paar Mädchen getanzt, aber nach und nach kamen alle dazu und haben ihre Scheu überwunden. Wir haben im Kreis gestampft und dabei Tiere imitiert. Das kommt dir jetzt sicher ziemlich komisch vor, aber es war wirklich eine ganz tolle Stimmung!	Anlass Neuigkeiten/ Erlebnisse
Gibt es in der deutschen Schule in Shanghai auch solche Projektwochen? Oder habt ihr immer „normalen" Unterricht?	Fragen an den Empfänger
Für den Herbst haben wir schon wieder ein Projekt geplant, und zwar zu China. Vielleicht kannst du mir vorher ein paar Informationen schicken? Du bist ja jetzt ein Experte vor Ort! Unabhängig davon freue ich mich auf jeden Fall schon darauf, wenn du mir über deine erste Zeit in China genauer berichtest. Hast du dich schon eingelebt? Wie kommst du mit der Sprache zurecht? Chinesisch zu lernen, stelle ich mir sehr schwer vor. Vor allem die Schriftzeichen sind sicher kompliziert. Aber wie ich dich kenne, kannst du dich sicher schon ganz gut verständigen!	weitere Neuigkeiten und Fragen
Dir wünsche ich weiterhin eine gute Zeit und hoffe, dass du schon viele neue Freunde gefunden hast.	Schluss
Liebe Grüße und bis bald!	Grußformel
Dein Sebastian	Unterschrift

5.2 Sachlicher Brief

Sachliche Briefe richten sich in der Regel an **Firmen** und **Institutionen** bzw. an **Personen, die du nicht kennst**, und beinhalten Anfragen, Beschwerden oder andere Anliegen. Sonderformen des sachlichen Briefs sind der Leserbrief (→ S. 147–149) oder das Bewerbungsschreiben (→ S. 77–79).

Merkmale eines sachlichen Briefs

Mit einem sachlichen Brief verfolgst du in der Regel ein bestimmtes **Anliegen**, z. B. wenn du dich bei der Gemeinde für den Bau einer Skateranlage einsetzt oder bei einer Firma eine mangelhafte Ware reklamierst. Wichtig sind genaue Angaben zu deinem Anliegen.

Entscheidend ist, dass du dein Anliegen in einer **sachlichen Sprache** so klar und genau wie möglich formulierst und begründest. Vermeide also persönliche Gefühlsäußerungen oder unsachliche Bemerkungen.

Noch wichtiger als beim persönlichen Brief sind hier die **formalen Vorgaben**, an die du dich genau halten musst:

- Im **Briefkopf** musst du die **Absender**- und **Empfängeradresse** vollständig angeben.
- Nach der Angabe von **Ort** und **Datum** folgt eine **Betreffzeile**, in der du dein Anliegen knapp zusammenfasst.

Ein sachlicher Brief richtet sich an **Empfänger**, zu denen du in der Regel kein persönliches Verhältnis hast:

- Formuliere daher **Anrede** und **Grußformel höflich** und **neutral** (z. B. *Sehr geehrte/r Frau/Herr… (Name), Sehr geehrte Damen und Herren, Mit freundlichen Grüßen*).
- Die höflichen **Anredepronomen** *Sie, Ihnen* und *Ihr* werden großgeschrieben.

Auch auf die **äußere Form** musst du besonders Wert legen:

- Dein Brief muss unbedingt **fehlerfrei** sein. Lies ihn mehrmals durch und korrigiere alle Fehler, bevor du ihn abschickst.
- Schreibe den Brief nicht mit der Hand, sondern mit dem **Computer** oder einer **Schreibmaschine**. Benutze unliniertes DIN-A4-Papier, das du nur einseitig beschreiben solltest.
- Zusätzlich zur getippten **Unterschrift** solltest du auch handschriftlich unterschreiben (zwischen Grußformel und getippter Unterschrift).

Wie gehst du bei einem sachlichen Brief vor?

1 Stoffsammlung

Überlege genau, welches **Ziel** du mit deinem Brief befolgst, z. B. eine Anfrage oder eine Beschwerde. Sammle alle für das Anliegen wichtigen **Daten** und **Angaben** (z. B. Zeit, Kosten, Ort usw.).

TIPP: Versetze dich dabei auch in die **Sichtweise des Empfängers**.

2 Stoffordnung

Ordne die Angaben nach einer **sinnvollen Reihenfolge** und überlege dir stichhaltige **Begründungen**.

3 Einleitung

Beginne mit dem kompletten **Briefkopf**, bestehend aus Absender- und Empfängeradresse, Ort, Datum, Betreffzeile und Anrede. Wie beim persönlichen Brief schließt du auch hier die Anrede mit einem Komma ab und schreibst danach klein weiter (siehe Beispiel).
In der Einleitung nennst du den **Anlass** deines Briefs (z. B. Beschluss des Gemeinderats, defekte Ware).

4 Hauptteil

Ausgestaltung des Anliegens: Bringe dein Anliegen klar und deutlich vor (z. B. Unterstützung oder Ablehnung des Gemeinderatsbeschlusses, Erstattung der Ware). Wichtig ist, dass du alle nötigen Daten und Angaben nennst und dein Anliegen ausführlich begründest. Behalte dabei immer das Ziel deines Briefs im Blick!
Sprachliche Gestaltung: Halte dich grundsätzlich an einen sachlichen und höflichen Stil. Formuliere in klaren, leicht nachvollziehbaren Sätzen. Achte dabei auf begründende und erklärende Verknüpfungen (z. B. *da, weil, um … zu, deswegen, darum, denn …*).

5 Schluss

Zur **Abrundung** des Briefs fasst du dein Anliegen zusammen, äußerst ggf. deine Hoffnung auf Erfüllung und einen Dank im Voraus für eine Antwort.
Schließe mit der **Standard-Grußformel** *Mit freundlichen Grüßen* und deiner **Unterschrift**.

TIPP: Wenn du dem Brief **Anlagen** beifügen möchtest, führst du einen entsprechenden Hinweis darauf nach der Unterschrift an.

Aufgabenstellung:

Die Schülermitverwaltung (SMV) möchte einen Skitag im laufenden Schuljahr durchführen. Als Schülersprecher/in wendest du dich mit dieser Bitte in einem Brief an den/die Rektor/in. Verfasse diesen Brief.

Lösung:

Absenderadresse

Tobias Müller
Veilchenweg 3
90000 Passau

Empfängeradresse

Donau-Realschule
Frau Lisa Berggrün
Nibelungenallee 123
90004 Passau

Ort, Datum

Passau, 11. September 2008

Betreffzeile

Durchführung eines SMV-Skitags im Schuljahr 2008/09

Anrede

Sehr geehrte Frau Berggrün,

Anlass – Anliegen – Begründung

in ihrer letzten Sitzung am 9. 9. 2008 hat sich die SMV mehrheitlich dafür ausgesprochen, den SMV-Skitag im laufenden Schuljahr wieder einzuführen. Mit diesem Brief möchten wir beantragen, dass diese Veranstaltung im Winter 2009 wieder stattfindet. Denn die große Mehrheit der Schülerinnen und Schüler vermisst diese Gelegenheit, gemeinsam einen sportlichen Tag im Schnee zu verbringen. Ein solcher Skitag stärkt die Gemeinschaft unter den Schülerinnen und Schülern und das Miteinander mit den Lehrern. Und er stellt für viele von uns die einzige Gelegenheit dar, Ski zu fahren.

nötige Angaben

Natürlich würden wir für den Skitag einen Samstag einplanen, damit kein Unterricht ausfallen muss. Zudem versuchen wir, ein schneesicheres Ziel im Bayerischen Wald zu finden. Als Termin schlagen wir einen Samstag im Februar vor, da um diese Zeit in aller Regel genug Schnee liegt.

Schluss

Wir alle würden uns freuen, wenn Sie unserem Antrag zustimmen würden, und verbleiben

Grußformel

mit freundlichen Grüßen

Unterschrift

Tobias Müller

Tobias Müller

Anlagen

Anlage: Prospekte des Arber-Skigebiets

5.3 Bewerbungsschreiben

Das **Bewerbungsschreiben** ist neben deinen **Zeugnissen** und deinem **Lebenslauf** der wichtigste Bestandteil der Bewerbungsunterlagen. Mit einem Bewerbungsschreiben stellst du dich bei einem Arbeitgeber vor und äußerst deinen Wunsch nach einem **Ausbildungsplatz** oder einer **Arbeitsstelle**. Durch dieses Schreiben bekommt der mögliche zukünftige Arbeitgeber einen ersten Eindruck von dir. Daher ist es wichtig, dass du die formalen Regeln genau beachtest und dein Anliegen klar und begründet vorbringst.

Merkmale eines Bewerbungsschreibens

Für die **äußere Form** gilt:
- Schreibe die Bewerbung mit **Computer** oder **Schreibmaschine** auf weißes, unliniertes DIN-A4-Papier, das du nur einseitig beschreibst.
- Achte darauf, dass das Schreiben **ohne Fehler**, Ausbesserungen, Flecken oder Knicke ist.

Der **formale Aufbau** eines Bewerbungsschreibens ist ähnlich wie bei einem sachlichen Brief:
- Im **Briefkopf** gibst du deine **Absenderadresse** und die **Empfängeradresse** des Arbeitgebers vollständig an.
- Unter die Angabe von **Ort** und **Datum** schreibst du die **Betreffzeile:** *Bewerbung (um einen Ausbildungsplatz) als …*
- In einer höflichen **Anrede** sprichst den zuständigen Ansprechpartner möglichst persönlich mit Namen an.
- Du beendest das Schreiben mit einer höflichen **Grußformel** und deiner **Unterschrift**.
- Danach fügst du eine Liste der **Anlagen** (Lebenslauf, Zeugnisse und andere Nachweise) an.

Beim **Inhalt** kommt es darauf an, dass du
- genau **begründest**, warum du dich für die Stelle bewirbst und
- deine **Fähigkeiten** sachlich und wahrheitsgemäß darstellst.

Beachte bei der **sprachliche Gestaltung**, dass du
- **kurze**, **einfache Sätze** formulierst,
- in einem **sachlichen** Stil schreibst und Übertreibungen, Anbiederungen oder Redensarten vermeidest,
- möglichst **eigene Worte** und nicht Standardformulierungen aus Musterbriefen verwendest.

Wie gehst du bei einem Bewerbungsschreiben vor?

1 Stoffsammlung

Sieh dir zuerst die **Stellenanzeige** genau an: Welche **Anforderungen** werden gestellt? Welche **Voraussetzungen** musst du mitbringen?
Notiere **Gründe**, warum du dich für den Ausbildungsplatz oder die Arbeitsstelle bewirbst. Sammle alle wichtigen Punkte, die etwas über deine **Fähigkeiten** und Leistungen aussagen.

TIPP: Denke auch an **Kurse**, **Praktika** und **Wahlfächer**, die zur angestrebten Stelle passen.

2 Stoffordnung

Ordne deine Notizen so, dass du mit der **Begründung** anfängst, dann Auskunft über deine aktuelle **Situation** gibst und daran die persönlichen **Fähigkeiten** anschließt.

3 Einleitung

Beginne mit dem kompletten **Briefkopf**, bestehend aus Absender- und Empfängeradresse, Ort, Datum, Betreffzeile und Anrede.
In der Einleitung beziehst du dich auf die **Stellenanzeige**.

4 Hauptteil

Halte dich im Hauptteil an die **Reihenfolge** deiner Stoffordnung. Bringe bei der Begründung auch dein **Wissen über den Beruf** und evtl. die Firma ein. Gehe auf deine (schulische) **Situation**, deine persönlichen Fähigkeiten und **Qualifikationen** ein.

5 Schluss

Runde das Schreiben mit einem **verbindlichen Schlusssatz** ab, z. B. *Über eine Einladung zu einem Vorstellungsgespräch würde ich mich sehr freuen.*
Weise abschließend in einer stichwortartigen Liste auf alle **Anlagen** (Lebenslauf, Zeugnisse …) hin.

TIPP: Stelle sicher, dass kein einziger Fehler unentdeckt bleibt. Gib das fertige Schreiben möglichst mehreren Personen zum **Korrekturlesen**.

Aufgabenstellung:
Verfasse ein Bewerbungsschreiben auf eine für dich interessante Stellenanzeige.

Lösung:

Stefanie Berger Auenstraße 23 80001 Langdorf	Absenderadresse
Reisebüro Fern & Gut Reisen Theresienstraße 4 80004 Kirchstadt	Empfängeradresse
Langdorf, 1. Juni 2008	Ort, Datum
Bewerbung um einen Ausbildungsplatz als Reiseverkehrskauffrau	Betreff
Sehr geehrte Frau Schrader,	Anrede
mit großem Interesse habe ich Ihre Anzeige im Kirchstädter Anzeiger gelesen. Ich bewerbe mich um den ausgeschriebenen Ausbildungsplatz zur Reiseverkehrskauffrau.	Bezug auf Stellenanzeige
Nicht erst seit einem Betriebspraktikum im März bei AB Reisen in Obernburg ist dies mein Wunschberuf. Es fällt mir leicht, auf Menschen zuzugehen, und ich kann mir gut vorstellen, die Kunden zu beraten und zusammen mit ihnen das geeignete Reiseziel zu finden.	Begründung Wissen über den Beruf
Zurzeit besuche ich die neunte Jahrgangsstufe an der Realschule in Kirchstadt, die ich voraussichtlich im nächsten Schuljahr mit dem Realschulabschluss verlassen werde. Meine Lieblingsfächer Deutsch, Erdkunde und Informatik geben mir sicher eine sinnvolle Grundlage für diesen Beruf mit. Neben Englisch lerne ich seit zwei Jahren Spanisch als Wahlfach. Zudem betreue ich die Erdkundeseiten unserer Schülerzeitung, wodurch ich auch meine schulischen Computerkenntnisse vertiefen konnte.	schulische Situation, Qualifikationen
Über eine Einladung zu einem persönlichen Gespräch würde ich mich sehr freuen.	verbindlicher Schlusssatz
Mit freundlichen Grüßen	Grußformel
Stefanie Berger	Unterschrift
Stefanie Berger	
Anlagen: Lebenslauf mit Lichtbild, beglaubigte Kopie des letzten Schulzeugnisses, Kopie der Praktikumsbescheinigung	Anlagen

5.4 Lebenslauf

Der Lebenslauf ist eine Sonderform des Berichts (→ S. 49–52), in dem du einen lückenlosen und exakten **Überblick über dein Leben** gibst. Als wesentlicher Bestandteil der Bewerbungsunterlagen informiert er deinen möglichen Arbeitergeber knapp über deine Herkunft, deinen Werdegang und deine persönlichen Fähigkeiten und Interessen.

Merkmale eines Lebenslaufs

Ein Lebenslauf setzt sich aus folgenden **Abschnitten** zusammen:
- **Angaben zur Person** (Name und Vorname, Adresse, Telefon/Fax, E-Mail, Geburtsdatum und -ort, Staatsangehörigkeit, Familienstand, ggf. Kinder)
- **Schulbildung** (besuchte Schulen mit Zeitangaben, Schulabschluss)
- ggf. **Praktika** (Firmen und Orte, Zeitraum, Art der Tätigkeiten)
- **Berufsausbildung** (wenn schon erfolgt: Ausbildungsbetrieb und -ort, erworbene Berufsbezeichnung, Zeitangaben)
- **Berufstätigkeit** (wenn schon vorhanden: Art der Tätigkeiten, Firmen und Orte, Aufgaben, Zeitangaben)
- **besondere Kenntnisse und Interessen** (Sprachen, Computerkenntnisse, Lieblingsfächer, Hobbys, Führerschein usw.)

Es gibt zwei Formen des Lebenslaufs:
- Der **ausführliche Lebenslauf** ist in ganzen Sätzen formuliert und dient als Nachweis deiner schriftlichen Ausdrucksfähigkeit. Nach den Angaben zu Name und Adresse folgt unter der Überschrift *Lebenslauf* der in die oben genannten Abschnitte gegliederte Text. Halte dich dabei an die zeitliche Reihenfolge.
- Der **tabellarische Lebenslauf** besteht aus zeitlich geordneten, stichwortartigen Einträgen und dient der schnellen Information. Heutzutage wird in der Regel nur der tabellarische Lebenslauf verlangt.

Beide Formen musst du mit Datum **unterschreiben**. Dazu gehört auch auf jeden Fall ein seriöses und aktuelles **Bewerbungsfoto**.

Wenn nicht anders angegeben, schreibst du deinen Lebenslauf mit dem **Computer**. Aber auch bei einem **handschriftlichen Lebenslauf** solltest du unbedingt auf eine klare und übersichtliche Form und eine saubere Schrift achten.

Die **Sprache** eines Lebenslaufs ist **sachlich** und ohne persönliche Meinungsäußerungen und Kommentare.

Aufgabenstellung:
Erstelle deinen persönlichen Lebenslauf.

Lösung:

Lebenslauf

Foto

Angaben zur Person

Name:	*Stefanie Berger*
Adresse:	*Auenstraße 23* *80001 Langdorf*
Telefon:	*09999/7014*
E-Mail:	*berger.stefanie@infoweb.de*
Geburtsdatum:	*12. April 1993*
Geburtsort:	*Langdorf*
Staatsangehörigkeit:	*deutsch*
Familienstand:	*ledig*

Schulbildung

1999–2003	*Grundschule Langdorf*
2003–2008	*Hauptschule Kirchstadt*
Juli 2009	*voraussichtlich Qualifizierender Hauptschulabschluss*
Lieblingsfächer:	*Deutsch, Erdkunde, Informatik*

Praktikum

17.–31. März 2008	*Reisebüro AB Reisen in Obernburg (Internet-Recherche, Prospektauswahl)*

Besondere Kenntnisse und Fähigkeiten

Fremdsprachen:	*Englisch (5 Jahre als Pflichtfach)*
EDV-Kenntnisse:	*Word, Excel, eigene Homepage*
Hobbys:	*Lesen, Reiten*

Langdorf, den 1. Juni 2008
Stefanie Berger

5.5 Protokoll

In einem Protokoll (auch Niederschrift genannt) wird festgehalten, was in einer Sitzung, Besprechung, Diskussion, Konferenz, Vernehmung oder Verhandlung besprochen und beschlossen wurde. Protokolle sind überall dort wichtig, wo etwas **verbindlich dokumentiert** werden muss, z. B. im Berufsleben, in der Vereinsarbeit oder auch vor Gericht. Sie dienen in der Regel entweder als **Gedächtnisstütze** oder als **Informationsquelle** für Abwesende.

Merkmale eines Protokolls

Ein Protokoll besteht aus dem **Protokollkopf**, der alle wichtigen Daten enthält, und den einzelnen **Tagesordnungspunkten** (Themenschwerpunkten). Mit der abschließenden **Unterschrift** des Protokollanten und ggf. des Sitzungsleiters wird das Protokoll rechtsverbindlich.

Das Protokoll ist eine Sonderform des Berichts (→ S. 49–52). Das bedeutet, dass du
- die Inhalte in einem **sachlichen und distanzierten Stil** wiedergibst,
- auf persönliche Meinungsäußerungen, Kommentare und Empfindungen verzichtest.

Beachte: **Meinungen der beteiligten Diskussionsteilnehmer** musst du jedoch deutlich herausarbeiten.

Der **Inhalt** eines Protokolls muss **richtig** sein, das heißt, dass du nichts hinzufügen und auch nichts Wesentliches weglassen darfst.

Man unterscheidet grundsätzlich zwei Arten von Protokollen:
In einem **Verlaufsprotokoll**
- gibst du alles Wichtige aus dem Verlauf (Inhalt, Redner, Beiträge, Beschlüsse usw.) **schrittweise** und in allen **Einzelheiten** wieder, sodass das Geschehene lückenlos dokumentiert ist.
- verwendest du in der Regel als **Zeitstufe** das **Präsens**.

Dagegen geht es in einem **Ergebnisprotokoll** darum, dass
- du die wichtigen Ergebnisse, z. B. einer Unterrichtsstunde, festhältst. Entscheidend ist hier nicht der Verlauf, etwa welche Diskussionsbeiträge von wem und mit welchem genauen Inhalt vorgekommen sind, sondern nur das **Ergebnis der Diskussion**.

- Dabei musst du als Protokollant **Wesentliches** von Unwichtigem trennen und die Äußerungen der Teilnehmer in ihrem Inhalt sachlich richtig **zusammenfassen**. Dafür eignen sich z. B. die Verben *informieren, versprechen, betonen, fordern, appellieren, bestätigen, referieren, widersprechen, kritisieren.*
- Besonders **wichtige Redebeiträge** (z. B. Anträge) solltest du jedoch möglichst exakt wiedergeben. Formuliere sie in **indirekter Rede**.
- Auch **Abstimmungsergebnisse** musst du genau festhalten.
- Als Zeitstufe verwendest du **Präsens** oder **Präteritum**.

Wie gehst du bei einem Protokoll vor?

1 Mitschrift als Grundlage

Zur **Vorbereitung** ist es wichtig, dass du genügend Blätter und (Farb-) Stifte bereithältst. Vorab notierst du das Thema der Sitzung, die Namen des Leiters und der Beteiligten/Abwesenden. Ziehe auf den Blättern einen breiten rechten Rand für Ergänzungen.
Deine **Mitschrift** gestaltest du möglichst **übersichtlich**, z. B. kannst du Zusammenhänge mithilfe von Pfeilen und Markierungen herstellen. Sinnvoll ist auch, wenn du die Blätter deiner Mitschrift in der richtigen Reihenfolge nummerierst.
Notiere stichpunktartig den **Sitzungsverlauf** mit und ordne hier bereits nach Tagesordnungspunkten. Halte **Anträge** mit Abstimmungsergebnissen und bedeutsame **Redebeiträge** wörtlich fest. Notiere auch die entsprechenden Namen.

TIPP: Stelle bei Unklarheiten **Rückfragen** an den Sitzungsleiter.

2 Protokollkopf

Der Protokollkopf besteht aus folgenden **Angaben:**
Überschrift *Protokoll/Niederschrift über …* (Thema der Sitzung), Ort, Tag, Uhrzeit (Beginn und Ende der Sitzung), Leiter/in der Sitzung, Protokollführer/in, anwesend/abwesend (mit Angabe *entschuldigt/unentschuldigt* bzw. des Abwesenheitsgrundes) und ggf. Hinweis auf Anlagen (z. B. wichtige Unterlagen aus der Sitzung, Pläne)

3 Tagesordnungspunkte

Zunächst gibst du einen **stichwortartigen Überblick** über alle Tagesordnungspunkte (TOPs).
Danach schreibst du eine **ausführliche Ausarbeitung** der einzelnen Tagesordnungspunkte und gibst so den Verlauf bzw. das Ergebnis der Sitzung wieder. Halte dich genau an die **Reihenfolge** aus dem Überblick.

TIPP: Verwende **keine Überleitungen** zwischen den Tagesordnungspunkten.

4 Unterschriften

Zum Schluss unterschreiben **Protokollführer/in** und ggf. **Leiter/in** das Protokoll und bezeugen damit, dass der Inhalt des Protokolls korrekt ist.

Aufgabenstellung:
Fertige ein Protokoll der letzten Klassensprecherversammlung an.

So könnte eine **Mitschrift** zur letzten Klassensprecherversammlung beginnen:

Klassensprecherversammlung, 20. 02. 08, 11.25–12.10 Uhr Anwesend: 1./2. Klassensprecher/innen aller Klassen (39 Stimmberechtigte) Abwesend: Jonas Winter (7a, krank)	*Leitung: Hr. Ecker Raum: C.2.01*
TOP 1: Bericht Schulkarneval • Herr Ecker bedankt sich bei allen an der Organisation Beteiligten, auch bei Lehrern (maskiert), ohne Aufsicht kein Schulkarneval, kostenlose Überlassung des Freizeitheims durch die Stadt Kirchstadt • Klassensprecher 5./6. Klassen: Beschwerde „Ende um 20.00 Uhr ist zu früh“ für Unterstufe • Schülersprecher Zimmermann/Huber: Abstimmung, ob auch 2009 Schulkarneval stattfindet (39 dafür, 2 dagegen, 9 Enthaltungen)	*kaltes Büfett: 8a/d Musik: Tim Zimmermann stimmberechtigte Anwesende: 39*
TOP 2: Organisation des SMV-Skitags (…)	*Termin: 11. 03. 08*

Anhand deiner Aufzeichnung formulierst du dann das **Protokoll:**

Realschule Kirchstadt, Stadtplatz 101
Protokoll über die Klassensprecherversammlung

Datum:	*20. 02. 2008*
Zeit:	*11.25 bis 12.10 Uhr*
Sitzungsraum:	*Kleine Aula, Raum Nr. C.2.01*
Leitung:	*Verbindungslehrer Peter Ecker*
Protokollführerin:	*Sabine Mühlthaler*
Anwesend:	*1. und 2. Klassensprecher/innen aller Klassen (39)*
Abwesend:	*Jonas Winter (Klassensprecher der 7a, krank)*
Tagesordnung:	*TOP 1: Bericht über den Schulkarneval*
	TOP 2: Organisation des SMV-Skitages (11. 03.)
	TOP 3: Aktivitäten der SMV am Tag der offenen Tür (01. 04.)
	TOP 4: Anschaffung eines Kaffeeautomaten für das Schülercafé aus SMV-Mitteln
	TOP 5: Verschiedenes

Zu TOP 1:
Herr Ecker bedankt sich bei allen an der Organisation des Schulkarnevals beteiligten Schülerinnen und Schülern, besonders bei den Klassen 8a und 8d für das kalte Büfett und dem erste Schülersprecher Tim Zimmermann für die musikalische Gestaltung. Besonders hebt er die Anwesenheit vieler maskierter Lehrerinnen und Lehrer hervor und weist darauf hin, dass ohne die Sicherstellung der Aufsichtspflicht durch die Lehrkräfte kein Schulkarneval stattfinden könne. Im Namen der Schule spricht er auch der Stadt für die kostenlose Überlassung des Freizeitheims seinen Dank aus.
Vonseiten der fünften und sechsten Klassen wird die Beschwerde vorgetragen, dass 20.00 Uhr für die Unterstufenschüler ein zu frühes Ende des Schulkarnevals darstelle.
Auf Antrag der beiden Schülersprecher stimmt die Klassensprecherversammlung per Handzeichen darüber ab, ob auch 2009 wieder ein Schulkarneval stattfinden soll: 31 Stimmberechtigte stimmen dafür, 2 dagegen. Es gibt 6 Enthaltungen.

Zu TOP 2: (...)

	Sabine Mühlthaler
Unterschrift des Sitzungsleiters	Unterschrift der Protokollführerin

5.6 Praktikumsbericht

Ein Praktikumsbericht ist ein **Erfahrungsbericht**, das heißt, du gibst in der Regel deine Erfahrungen wieder, die du während eines Betriebspraktikums gesammelt hast. Besonders hilfreich dabei ist ein Berichtsheft, in dem du alle Erfahrungen, Eindrücke und vor allem Tätigkeiten zeitlich gegliedert gesammelt hast. Manche Aufgabenstellungen geben auch Tagesberichte vor. Du sollst dich dann in die Rolle der Person versetzen, die den Tagesbericht geschrieben hat und daraus einen Praktikumsbericht verfassen. Grundsätzlich ist jeder Praktikumsbericht ein **zusammenhängender Text**, der sich in Einleitung, Hauptteil und Schluss gliedert und folgende Merkmale besitzt:

- **sachliche Sprache**, kein Erzählstil, auch wenn es sich um eigene Erfahrungen handelt,
- Einhaltung der zeitlichen und logischen **Reihenfolge**,
- Verwendung von **Fachbegriffen**,
- **klare** und genaue **Ausdrucksweise**.

Deinem Bericht muss der Ablauf des Praktikums (bzw. eines typischen Praktikumstages) zu entnehmen sein. Der Leser oder die Leserin sollte eine genaue Vorstellung von deinen Tätigkeiten, Erfahrungen und Eindrücken während des Praktikums bekommen.

Wie gehst du bei der Erarbeitung eines Praktikumsberichts vor?

1 Stoffsammlung und Stoffordnung

Hier hilft dir dein **Berichtsheft** oder die Notizen, die du dir in tabellarischer Form und zeitlich richtiger Reihenfolge gemacht hast. Diese Form der schriftlichen Notizen ist in der Regel während eines Praktikums verlangt.

Tagesbericht			
Zeit/Ort	***Tätigkeit***	***Arbeitsmittel***	***Arbeitsablauf***
8.00–8.30 Druckerei Sieb, Oberndorf	*Begrüßung durch den Chef, Herrn Sieb, Vorstellung des Betreuers, Herrn Schwarz*		

8.30–9.30 Druckerei	*Falzen unter Anleitung der Auszubildenden Frau Weiß*	*Tisch-Falzmaschine, gedruckte DIN A3-Seiten einer Werbebeilage*	*1. Falzen von A3 auf A4-Format:* • *Einstellen von Format und Papierart* • *Befüllen der Maschine: Ablage herausziehen und Bögen einlegen* • *Exakte Lage der Bögen kontrollieren* • *Maschine starten* *2. Entnahme der fertigen Pakete zu je 100 Blatt*
9.30–10.45 Setzerei	*Zuschauen beim Setzen der Seiten*	*PC, Grafikprogramm*	*Seitengestaltung, Layout eines Veranstaltungsplakates*
…	…	…	…

2 Einleitung

Hier nennst du alle **wichtige Daten**, also den Zeitraum des Praktikums, Name und Anschrift des Betriebs, Angabe des Ausbildungsberufs, in dem du dein Praktikum abgeleistet hast, Name und betriebliche Position des Betreuers oder der Betreuerin und der Beschäftigten, die dich z. B. anleiteten.

In der Zeit vom 5. bis 9. Mai 2008 leistete ich bei der Druckerei Sieb in Obernheim (Bahnhofstraße 23, 99200 Obernheim) mein Betriebspraktikum für den Ausbildungsberuf als Drucker ab. Als verantwortlicher Betreuer stand mir der Betriebsleiter, Herr Schwarz, zur Seite.

3 Hauptteil

Im Hauptteil berichtest du in der **zeitlich richtigen Reihenfolge** über die **einzelnen Stationen** deines Praktikums. Beschreibe deine Tätigkeiten, Erfahrungen und Beobachtungen genau. Deine Tagesberichte bilden den „roten Faden“, an dem du dich orientieren kannst. Sollte dir Material, z. B. ein einzelner Tagesbericht, vorliegen, dann versuche, alle darin enthaltenen Angaben in deinen Bericht mit einzubeziehen.

Nach der Begrüßung durch den Inhaber der Druckerei, Herrn Sieb, wurde ich meinem Betreuer für die Praktikumswoche, Herrn Schwarz, vorgestellt. Herr Schwarz ist der Betriebsleiter. Er nahm mich mit zu den Falzmaschinen, wo ich unter Anleitung der Auszubildenden Frau Weiß an einer Tisch-Falzmaschine DIN-A3-Bögen einer Werbebeilage auf A4-Format falzen durfte. Zuerst stellte ich an der Falzmaschine Papierformat und Papierart ein. Dann zog ich die Ablage heraus und legte die Blätter ein. Dabei war es wichtig, darauf zu achten, dass die Blätter genau übereinander lagen. Nachdem ich noch einmal alles überprüft hatte, startete ich die Maschine. Es wurden Pakete zu je 100 Blatt abgepackt, die ich anschließend herausnahm und an der Seite stapelte. Ich stellte fest, dass bei dieser Tätigkeit sowohl Geschicklichkeit als auch Schnelligkeit erforderlich sind.
Bis 9.30 Uhr durfte ich beim Falzen helfen. Anschließend führte mich Herr Schwarz in die Setzerei, damit ich zusehen konnte, wie am Computer das Layout für ein Veranstaltungsplakat entsteht. Die Möglichkeiten, die das verwendete Grafikprogramm zur Seitengestaltung bot, beeindruckten mich sehr. Mir wurde dabei auch klar, wie wichtig es ist, solche Programme sicher zu beherrschen. Computerkenntnisse und entsprechende Fähigkeiten in der Handhabung und Ausführung der Programme sind eine entscheidende Voraussetzung für den Beruf des Druckers. (...)

4 Schluss

Im Schlussteil deines Praktikumsberichts **fasst** du deine Eindrücke und Erfahrungen noch einmal **zusammen**. Dabei kannst du folgende Fragen beantworten:

- Hat das Praktikum deinen **Erwartungen** entsprochen?
- Hast du einen guten **Einblick** in die berufliche Tätigkeit gewonnen?
- Konntest du genügend **Erfahrungen** sammeln?
- Wäre etwas **verbesserungsfähig** gewesen?
- Sind noch **Fragen offen** im Hinblick auf das Berufsbild?
- Fühlst du dich in der Wahl deines zukünftigen Ausbildungsberufes **bestätigt** oder wirst du einen anderen Beruf wählen?

Abschließend ist zu sagen, dass das Praktikum bei der Druckerei Sieb meinen Erwartungen voll entsprochen hat. Ich erhielt Einblick in alle Tätigkeitsbereiche eines Druckers. Dabei konnte ich viele wertvolle Erfahrungen sammeln, sowohl hinsichtlich der Anforderungen, die der Beruf stellt als auch der dazu benötigten Fähigkeiten. Wichtig sind z. B. Genauigkeit, Schnelligkeit, Spaß am Umgang mit dem PC sowie gestalterische Fähigkeiten. Dies bestätigt mich in meinem Wunsch, eine Ausbildung zum Drucker zu beginnen.

6 Inhaltsangabe

Bei einer Inhaltsangabe fasst du in der Regel den **Inhalt eines Textes** (z. B. einer Kurzgeschichte, eines Sachtextes oder eines ganzen Romans) schriftlich zusammen. Doch auch mündliche Zusammenfassungen sind Inhaltsangaben, z. B. wenn du den Inhalt eines Buches vorstellst oder über den Inhalt eines Films oder Gesprächs berichtest. Stets kommt es darauf an, dass du **wesentliche Inhalte** in der richtigen **Reihenfolge** wiedergibst und in einen sinnvollen **Zusammenhang** stellst.
Dabei geht es nicht darum, den Text zu deuten (wie bei der Analyse/Interpretation, → S. 95–123), sondern du **informierst** den Leser in Kürze über das dargestellte Geschehen bzw. den dargestellten Sachverhalt.

TIPP: Achte darauf, dass du den Text **nicht nacherzählst**. Eine Nacherzählung und keine Inhaltsangabe schreibst du, wenn du zu viele Einzelheiten nennst, keine Zusammenhänge herstellst und den Inhalt im Präteritum (statt im Präsens) wiedergibst.

Merkmale der Inhaltsangabe

Eine Inhaltsangabe ist folgendermaßen aufgebaut:

- Sie beginnt mit einem einleitenden **Basisinformationssatz**, der neben den Angaben zu **Autor, Titel, Textsorte** und ggf. **Textquelle** kurz darüber informiert, **worum es in dem Text geht**.
- Im **Hauptteil** nennst du anschließend die **Einzelheiten**. Gliedere den Hauptteil nach den **Sinnabschnitten** des Textes und halte dich dabei möglichst an die zeitliche Reihenfolge der Handlung.
- Zum **Schluss** kannst du ein **Ergebnis** formulieren, z. B. *Der Text zeigt …, Mit dem Text weist der Verfasser darauf hin, dass …*

Wichtig ist, dass du dich auf das **Wesentliche des Inhalts** beschränkst und nicht zu viele Einzelheiten nennst. Behalte dabei immer den **Gesamtzusammenhang** im Blick.

Bei der **Sprache** einer Inhaltsangabe musst du darauf achten, dass du

- **sachlich** über den Inhalt eines Textes **informierst** und persönliche Wertungen, Kommentare oder Interpretationen vermeidest,
- in **eigenen Worten** formulierst und möglichst nichts wörtlich aus dem Text übernimmst,
- die **indirekte Rede** verwendest (statt der direkten Rede). Denke dabei an die korrekten Konjunktivformen.

Die **Zeitstufe** der Inhaltsangabe ist das **Präsens**. Wenn du über etwas schreibst, was vor einer bestimmten Handlung geschehen ist, verwendest du das Perfekt.

Wie gehst du bei einer Inhaltsangabe vor?

Aufgabenstellung:
Schreibe eine Inhaltsangabe zur folgenden Kalendergeschichte.

Johann Peter Hebel: *Der Barbierjunge von Segringen*

Im vorigen Spätjahr kam in dem Wirtshause zu Segringen ein Fremder von der Armee an, der einen starken Bart hatte und fast wunderlich aussah, also dass ihm nicht recht zu trauen war.
Der sagt zum Wirt, ehe er etwas zu essen und trinken fordert: „Habt Ihr keinen Barbier im Ort, der mich rasieren kann?" Der Wirt sagt ja und holt den Barbier. Zu dem sagt der Fremde: „Ihr sollt mir den Bart abnehmen, aber ich habe eine kitzlige Haut. Wenn ihr mich nicht ins Gesicht schneidet, so zahle ich euch vier Kronentaler. Wenn Ihr mich aber schneidet, so stech ich Euch tot. Ihr wäret nicht der Erste."
Wie der erschrockene Mann das hörte, und das spitzige, kalte Eisen lag auf dem Tisch, so springt er fort und schickt den Gesellen. Zu dem sagt der Herr das Nämliche. Wie der Gesell das hört, springt er ebenfalls fort und schickt den Lehrjungen.
Der Lehrjunge lässt sich blenden von dem Geld und denkt: Ich wag's. Geratet es und ich schneid ihn nicht, so kann ich mir für vier Kronentaler einen neuen Rock auf die Kirchweihe kaufen und einen Schnepper. Geratet's nicht, so weiß ich, was ich tue – und rasiert den Herrn. Der Herr hält ruhig still, weiß nicht, in welcher entsetzlichen Todesgefahr er ist, und der verwegene Lehrjunge spaziert ihm auch ganz kaltblütig mit dem Messer im Gesicht und um die Nase herum, als wenn's nur um einen Sechser oder im Falle eines Schnittes um ein Stücklein Zunder oder Fließpapier darauf zu tun wäre und nicht um vier Kronentaler und um ein Leben, und bringt ihm glücklich den Bart aus dem Gesicht ohne Schnitt und dachte doch, als er fertig war: Gottlob!
Als aber der Herr aufgestanden war und sich im Spiegel beschaut und abgetrocknet hatte und gibt dem Jungen die vier Kronentaler, sagt er zu ihm: „Aber junger Mensch, wer hat dir den Mut gegeben, mich zu rasieren, so doch dein Herr und der Gesell sind fortgesprungen? Denn wenn du mich geschnitten hättest, so hätt' ich dich erstochen."
Der Lehrjunge aber bedankte sich lächelnd für das schöne Stück Geld und sagte: „Gnädiger Herr, Ihr hättet mich nicht erstochen, sondern

wenn Ihr gezuckt hättet und ich hätt' Euch ins Gesicht geschnitten, so wär' ich Euch zuvorgekommen, hätt' Euch augenblicklich die Gurgel durchgehauen und wäre auf und davon gesprungen."
Als aber der fremde Herr das hörte, und an die Gefahr dachte, in der er gesessen war, ward er erst blass vor Schrecken und Todesangst, schenkte dem Burschen noch einen Kronentaler extra und hat seitdem zu keinem Barbier mehr gesagt: „Ich steche dich tot, wenn du mich schneidest."

Quelle: Johann Peter Hebel: Werke. Carl Hanser Verlag, München ohne Jahr, S. 54 f.

1 Den Text genau lesen

Lies als Erstes den Text (mehrmals) **konzentriert** und **langsam** durch. Dabei fallen dir sicher ein paar Wörter auf, die du nicht sofort verstehst. Überlege, was sie bedeuten könnten, und schlage sie ggf. in einem **Wörterbuch** nach. Notiere ihre **Bedeutung** am Rand neben den Text. Folgende Wörter könntest du z. B. so erklären:

„Spätjahr" (Z. 1): Herbst
„Barbier" (z. B. Z. 5): Friseur
„Kronentaler" (Z. 8): alte Währung
„geratet" (z. B. Z. 15): entspricht „gerät"
„Kirchweihe" (Z. 16): kirchlicher Festtag
„Schnepper" (Z. 16): möglicherweise ein besonderes Messer
„Zunder oder Fließpapier" (Z. 21 f.): vermutlich blutstillende Mittel

2 Stoffsammlung

Kläre nun die Zusammenhänge im Text mithilfe der **W-Fragen:** Wer?, Wo?, Wann?, Was (passiert)?, Warum?, Welche Folgen? usw.
Markiere die **Textstellen**, die du zur Beantwortung benötigst, und schreibe deine **Antworten** auf einen Notizzettel.

TIPP: Beantworte die W-Fragen möglichst **in eigenen Worten** und übernimm nicht einfach die Wendungen aus dem Text. Dann fällt es dir später auch leichter, die Inhaltsangabe eigenständig zu formulieren.

1. ***Wann** und **wo** ereignet sich etwas bzw. spielt die Geschichte?*
   im Herbst irgendeines Jahres, in der Ortschaft Segringen, im dortigen Gasthaus
2. ***Wer** spielt eine wichtige Rolle?*
   ein etwas unheimlicher, fremder Soldat mit starkem Bartwuchs, ein Wirt, ein Friseurmeister, sein Geselle und sein Lehrling

3. ***Was*** *geschieht?*
   Der Soldat lässt den Friseur holen, will eine Rasur. Er hat eine sehr empfindliche Haut und verspricht einen guten Lohn. Sollte die Rasur schiefgehen, droht er dem Meister mit dem Tod. Meister und Geselle laufen deswegen verschreckt davon.
   Der Lehrling sieht den Lohn und weiß genau, was er macht, wenn die Rasur misslingen sollte. Gelassen geht er ans Werk. Die Rasur glückt, der Kunde ist zufrieden und überrascht: Er möchte wissen, wieso der Lehrling so mutig gewesen ist.
4. ***Warum*** *geschieht es so?*
   Der Lehrling befindet sich in der besseren Situation. Wenn die Rasur misslungen wäre, hätte er den Kunden zuerst erstochen und wäre geflohen.
5. ***Welche Folgen*** *hat das Geschehen?*
   Der Kunde ist zuerst völlig fassungslos, erhöht den Lohn und unterlässt in Zukunft solche grausamen Androhungen.

3 Stoffordnung

Lege zunächst die **Sinnabschnitte** des Textes fest: Überlege, welche Abschnitte inhaltlich zusammengehören, z. B. weil sie einen bestimmten Handlungsschritt oder ein bestimmtes Thema behandeln.
Formuliere dann zu jedem Sinnabschnitt eine geeignete **Überschrift**, die das Wesentliche knapp zusammenfasst. Verwende auch hier möglichst eigene Worte.

Sinnabschnitt 1, Z. 1–3:	*Ein fremder, bärtiger Soldat kommt nach Segringen*
Sinnabschnitt 2, Z. 4–13:	*Der Versuch, einen mutigen Friseur zu engagieren*
Sinnabschnitt 3, Z. 14–24:	*Der Lehrling führt gelassen die gefährliche Rasur durch*
Sinnabschnitt 4, Z. 25–34:	*Grund, warum der Lehrling mit so ruhiger Hand rasiert hat*
Sinnabschnitt 5, Z. 35–39:	*Der Soldat erschrickt nun selbst und ändert zukünftig sein Verhalten*

Bestimme abschließend die **Funktion der Sinnabschnitte** für den Text, z. B. Einleitung, Darstellung der Ausgangssituation, Folge. Dadurch erkennst du die **Zusammenhänge** und die Struktur des Textes.

Sinnabschnitt 1, Z. 1–3:	*Einführung in die Geschichte (Einleitung)*
Sinnabschnitt 2, Z. 4–13:	*Darstellung der Ausgangslage (Hauptteil 1)*
Sinnabschnitt 3, Z. 14–24:	*weitere Erzählschritte bis zum Höhepunkt (Hauptteil 2)*
Sinnabschnitt 4, Z. 25–34:	*Höhepunkt (Hauptteil 3)*
Sinnabschnitt 5, Z. 35–39:	*Wirkung auf den Verursacher (Schluss)*

4 Einleitung

Die Einleitung besteht aus dem **Basisinformationssatz:** Halte in ein oder zwei Sätzen fest, **worum es in dem Text geht**.
Denke auch daran, dass du **Autor**, **Titel** und **Textsorte** nennst. Die **Textquelle** musst du in der Regel nur bei Zeitungstexten anführen (z. B. *In dem Artikel … aus der Süddeutschen Zeitung vom 22. März 2006 geht es um …*).

Für den Basisinformationssatz zum Beispieltext sind folgende **Angaben** notwendig:

Titel des Textes:	*Der Barbierjunge von Segringen*
Autor:	*Johann Peter Hebel*
Textsorte:	*Kalendergeschichte (siehe Arbeitsauftrag)*
Worum geht es in dem Text?	*Ein verwegen aussehender Soldat erhält eine Rasur, die er sein Leben lang nicht mehr vergisst.*

Formuliere nun den vollständigen **Basisinformationssatz** als Einleitung für deine Inhaltsangabe:

In der Kalendergeschichte „Der Barbierjunge von Segringen" von Johann Peter Hebel erhält ein verwegen aussehender, fremder Soldat eine Rasur, die er sein Leben lang nicht mehr vergisst.

5 Hauptteil

Im Hauptteil erklärst du, **wie es dazu gekommen ist**, und beantwortest die **W-Fragen** zum Verlauf der Handlung (Was?), zum Ort (Wo?), zur Zeit (Wann?), zu den beteiligten Personen (Wer?), zu den Ursachen (Warum?) und zu den Auswirkungen (Welche Folgen?).
Orientiere dich dabei an den vorher festgelegten **Sinnabschnitten**. Die Ziffern neben dem Text verweisen auf die jeweiligen Sinnabschnitte.

Kurz nachdem ein fremder Soldat in einem Gasthaus in der Ortschaft 1
Segringen ankommen ist, verlangt er nach einem Friseur, von dem er 2
rasiert werden möchte. Der Wirt holt daraufhin den örtlichen Friseurmeister. Der Fremde erklärt ihm, wie er rasiert werden wolle. Da er sehr empfindliche Haut habe, werde er ihn gut bezahlen, wenn er nicht geschnitten worden sei. Für den Fall einer Verletzung droht er dem Friseur jedoch damit, ihn zu töten. Der erschrockene Friseur flüchtet und schickt seinen Gesellen, der sich aber ebenfalls weigert, die Rasur durchzuführen, und den Lehrling holt.
Der Lehrling aber sieht in erster Linie das Geld, das er verdienen kann, und 3
überlegt sich, was er alles dafür kaufen kann. Für den Fall des Misslingens legt er sich einen Plan zurecht. Ahnungslos lässt der Kunde die Rasur über sich ergehen, die der Lehrjunge gewandt und ohne Fehler erledigt.
Der Soldat ist mit der Rasur zufrieden und bezahlt den vereinbarten Lohn, 4
möchte aber wissen, woher der Lehrling den Mut genommen habe, ihn zu bedienen. Darauf antwortet dieser, bei einem Schnitt hätte er den Kunden töten können, bevor dieser reagiert hätte.
Diese Auskunft versetzt den Soldaten nachträglich in so große Furcht, dass 5
er dem Lehrling noch ein Trinkgeld gibt und beschließt, sich in Zukunft ohne Androhungen rasieren zu lassen.

6 Schluss

Zum Schluss kannst du eine Art **Ergebnis** formulieren, indem du die **Kernaussage** des Textes zusammenfasst oder dich mit der **Absicht** bzw. **Wirkung** des Textes auseinandersetzt.

Johann Peter Hebel zeigt in seiner Kalendergeschichte, wie jemand, der aus Überheblichkeit Angst und Schrecken verbreiten möchte, beinahe zum Opfer seiner eigenen Schikane wird. Durch den gewitzten Friseurlehrling erfährt der Soldat selbst, wie sich die Todesangst anfühlt, die er vorher die anderen hat spüren lassen.

7 Texte analysieren und interpretieren

Wenn du zeigen willst, dass du einen Text genau verstanden hast, ist es mit einer Inhaltsangabe natürlich nicht getan. Vielmehr stellst du Überlegungen zum **Sinn eines Textes** an, und zwar unter den Gesichtspunkten, die in der Aufgabenstellung gefordert sind. Es geht z. B. darum, **tiefer liegende Aussagen** des Textes zu klären, Zusammenhänge zu verdeutlichen, sich mit der Absicht des Autors auseinanderzusetzen und die sprachlichen Mittel zu untersuchen, mit denen er die Absicht erreichen will.

Merkmale der Textanalyse und -interpretation

Wesentliche Bestandteile der Textanalyse (Textuntersuchung) und Textinterpretation (Textdeutung) sind:
- die **Inhaltsangabe** (→ S. 89–94),
- die Analyse des **Textaufbaus** und ggf. des äußeren Erscheinungsbilds,
- die **sprachliche Untersuchung** des Textes (Satzbau, Wortwahl, stilistische Mittel, Sprachebene),
- die Zuordnung zu einer **Textsorte** sowie
- Überlegungen zur **Wirkung des Textes** und **Absicht des Autors**.

Die Ergebnisse deiner Analyse bzw. Interpretation des Textes gibst du im **Präsens** wieder.

Für die **sprachliche Gestaltung** deiner Analyse bzw. Interpretation gilt:
- Schreibe **sachlich** ohne persönliche Kommentare und Meinungen.
- Formuliere mit **eigenen Worten**, unabhängig von der im Text verwendeten Sprache.

Wie gehst du bei einer Textanalyse bzw. -interpretation vor?

1 Den Text genau lesen

Lies den Text (mehrmals) **aufmerksam** durch.
Markiere dabei wichtige **Textstellen** und **Schlüsselbegriffe**.
Schlage unbekannte Wörter in einem **Wörterbuch** nach.

2 Stoffsammlung

Kläre die **inhaltlichen Zusammenhänge** mithilfe der **W-Fragen:** Wer?, Wo?, Wann?, Was?, Wie?, Warum?, Welche Folgen? etc.

Sieh dir genau die **sprachliche Gestaltung** des Textes an. Markiere insbesondere Auffälligkeiten in den Bereichen:

- **Satzbau / Satzarten:** Satzreihe oder Satzgefüge, Aussage-, Frage-, Aufforderungs- oder Ausrufesatz, Ellipsen (unvollständige Sätze) usw.
- **Wortwahl:** Wortarten (Auffälligkeiten bei Nomen, Verben, Adjektiven), Fachbegriffe, Fremdwörter usw.
- **Stilmittel:** Alliteration (Wiederholung gleicher Anfangsbuchstaben), Anapher (Wiederholung gleicher Satz-/Versanfänge), Metapher (bildhafter Ausdruck), Ironie, Übertreibung, Personifikation (Gegenstand/abstrakter Begriff erhält menschliche Eigenschaften), rhetorische Frage (Antwort ist bereits klar) usw.
- **Sprachebene:** Standardsprache, Umgangssprache, Jugendsprache, Dialekt, sachliche oder wertende Sprache usw.

Überlege darüber hinaus:

- Gibt es **Informationen zum Autor**, zu Entstehungszeit und -ort, zur literarischen Epoche oder zum historischen Hintergrund?
- Welche Wirkung wird mit der **grafischen Gestaltung** des Textes erzielt? Gibt es Bilder oder andere illustrierende Elemente?
- Was will der **Verfasser** mit dem Text erreichen? Wendet er sich an eine bestimmte **Lesergruppe**? Was hältst du von dem Text, welche **Wirkung** hat er auf dich?

3 Stoffordnung

Für die Inhaltsangabe legst du die **Sinnabschnitte** fest. Formuliere zu jedem Abschnitt eine stichwortartige Überschrift und bestimme ihre Funktion für den inneren **Aufbau** des Textes.

Notiere deine Überlegungen geordnet nach:

- **Sprache:** Satzbau, Wortwahl, Stilmittel, Sprachebene
- ggf. **Textäußeres:** auffällige optische Elemente
- **Wirkung** des Textes und **Absicht** des Autors

Jetzt ist es dir auch sicher schon möglich, die **Textsorte** zu bestimmen. Halte fest, welche Merkmale auf die Textsorte hinweisen.

4 Gliederung

Wie bei der Erörterung ist auch hier das Erstellen einer Gliederung sinnvoll, damit du für deine Textanalyse bzw. -interpretation einen **„roten Faden“** hast. Wichtig ist, dass du in deinem Aufsatz genau der **Reihenfolge** folgst, die du in deiner Gliederung festgelegt hast.

5 Einleitung

Du beginnst deine Analyse bzw. Interpretation des Textes mit einem **Basisinformationssatz**. Er informiert den Leser kurz darüber, worum es in dem Text geht, und enthält Angaben zu **Titel, Autor, Textsorte** und ggf. **Textquelle** (bei Zeitungsartikeln).

6 Hauptteil

Im Hauptteil gibst du zunächst den **Inhalt des Textes** mit eigenen Worten wieder (→ Hauptteil der Inhaltsangabe, S. 93 f.).
Auch auf das **Textäußere** (Überschrift, Abbildungen usw.) kannst du ggf. eingehen, wenn damit eine besondere Wirkung erzielt werden soll. Dies ist insbesondere bei Zeitungstexten der Fall.
Bei der **Untersuchung der sprachlichen Merkmale** geht es nicht nur darum, dass du Auffälligkeiten in den Bereichen Satzbau, Wortwahl, stilistische Mittel und Sprachebene anführst. Entscheidend ist, dass du die gefundenen Merkmale stets in einen **Bezug zur Textaussage** stellst und ihre **Wirkung** beschreibst.
Mithilfe von charakteristischen Merkmalen legst du dar, um welche **Textsorte** es sich bei dem Text handelt. Eng mit der Textsorte verbunden ist in der Regel die **Autorenabsicht** und **Wirkung auf den Leser**.
Wichtig ist, dass du deine Aussagen immer **am Text belegst** und geeignete Textstellen **zitierst**.

7 Schluss

Hier kannst du zu einem **Ergebnis** gelangen: Gehe noch einmal kurz darauf ein, was deiner Meinung nach die **wichtigste Textaussage** ist. Danach kannst du darüber nachdenken, was dir der Text **persönlich** sagt, und dich z. B. mit folgenden Fragen auseinandersetzen:

- Stimmst du mit der Aussage des Textes überein oder nicht?
- Ist das, was dargestellt ist, auch heute noch aktuell?
- Hast du in deinem Umfeld Erfahrungen gemacht, die dazu passen?

TIPP: Welche **Bereiche** du bei einer Analyse bzw. Interpretation eines Textes untersuchen sollst, hängt von der Art der **Aufgabenstellung** ab. Wenn sie nur lautet *Analysiere/Interpretiere den Text …*, ist es ratsam, möglichst alle Bereiche (Inhalt, Aufbau, Sprache, Textsorte, Absicht/Wirkung) genauer zu betrachten. In der Regel wirst du aber darauf hingewiesen, was du untersuchen sollst.

7.1 Einen literarischen Prosatext interpretieren

Um einen literarischen Prosatext verstehen und beurteilen zu können, ist es nötig, dass du den Text interpretierst. Dabei kommt es darauf an, dass du nicht nur den **Inhalt** des Textes wiedergibst (wie bei der Inhaltsangabe), sondern dich auch mit dem **Sinn** des Textes beschäftigst. Das bedeutet, du musst die tiefer liegenden Aussagen des Textes herausarbeiten und das, was zwischen den Zeilen steht, entschlüsseln.

Wie gehst du bei einer literarischen Textinterpretation vor?

Aufgabenstellung:

Interpretiere den Text „Arbeitslos" von Gina Ruck-Pauquet.

- *Verfasse als Erstes eine Inhaltsangabe.*
- *Erläutere die Reaktion, die der Sohn auf das Verhalten seines Vaters zeigt. Gehe auch auf die Gedanken und Gefühle des Sohnes ein.*
- *Beschreibe Besonderheiten des Satzbaus.*
- *Weise nach, um welche Textsorte es sich handelt.*
- *Lege abschließend dar, welche Wirkung der Text auf dich hat.*

Gina Ruck-Pauquet: Arbeitslos

Er ist mein Vater und ich mag ihn. Aber in der letzten Zeit ist es mit ihm schwierig geworden: mein Vater ist arbeitslos. Zuerst war er verzweifelt und traurig. Und dann kam er nicht nach Hause, an diesem Freitagabend. „Wenn ich nicht immer in die verdammte Fabrik müsste!", hat er früher gesagt. Er ist im Morgengrauen aufgestanden und hat sich schimpfend rasiert. Er hat sich die Lippen am Tee verbrannt, bei der ersten Zigarette hat er gehustet, und am Abend hat er gesagt, dass der Mensch ein Sklave ist. „Dein Vater ist müde", hieß es, wenn er mithelfen sollte, einen Drachen zu bauen. Oder wenn Maria ihm was vorlesen wollte. Seitdem Maria größer ist, arbeitet meine Mutter auch wieder. Sie geht in die Schokoladenfabrik. Geldsorgen haben wir nicht. Auch jetzt nicht, wo mein Vater arbeitslos ist.

Meine Mutter verdient, und mein Vater kriegt Arbeitslosenunterstützung, nicht mal wenig ist das. Er muss sie natürlich abholen. Das zwingt ihn, aus der Wohnung zu gehen. Er horcht an der Tür, ob auch niemand im Flur ist, dann huscht er los. Ja, er huscht. Mein Vater huscht durchs Haus wie einer, der was Böses getan hat. Weil sie ihn so anschauen, sagt er. Weil sie fragen: „Wie geht es denn?" Es ist ein Makel, arbeitslos zu sein. Ich kapiere das nicht so recht. Aber für meinen Vater ist es ein Makel.

„Geh doch mal spazieren", hat meine Mutter gesagt. „Geh in den Park."

Es war so ein Herbsttag, an dem einem das Laub unter den Füßen raschelt. Als ich klein war, ist er mit mir durch die Blätter gerannt, das weiß ich noch. Jetzt ist er böse geworden. „Da kann ich mich ja gleich auf eine Parkbank setzen", hat er gesagt, „zu den Rentnern!"
An den ersten Tagen hat er noch eingekauft. Dann fing das an, dass er nur noch in der Wohnung hockte und nicht mehr raus wollte. „Kannst du meine Hausaufgaben nachsehen?", hat ihn Maria gefragt. Und er hat draufgestarrt, aber nichts gesehen, das hat man gemerkt. Kreuzworträtsel hat er gelöst. Stundenlang.
Einmal habe ich ihn gefragt: „Warum haben sie dich entlassen? Warum gerade dich?"
„Sie haben noch mehr entlassen als mich", hat er gesagt und ist sich mit der Hand übers Kinn gefahren. Es hat sich kratzig angehört, weil er sich damals schon nicht jeden Tag rasiert hat. „Vielleicht, weil ich öfter krank war", hat er weiter überlegt, „wegen dem Rheuma."
Das Rheuma hat er gekriegt, weil es in der Fabrikhalle zugig gewesen sei. Jetzt ja nicht mehr. Da haben sich die Jungen beschwert, und die Wände sind abgedichtet worden. Aber mein Vater hat sein Rheuma. Und die Entlassung hat er auch. (...)
Es muss schlimm in ihm ausgesehen haben in den letzten Tagen, bevor es passierte. Keiner konnte an ihn ran. Dann kam der Freitagabend und er war weg. Einfach weg. Wir haben um den Tisch gesessen und gewartet. Dann haben wir die Oma angerufen und den Heino Lapps. Aber da war er nicht. So saßen wir da, die Mutter rauchte eine Zigarette nach der anderen, und Maria sah furchtbar klein aus, weil sie so müde war. Vielleicht betrank er sich. Aber das hatte er nie gemacht. Er konnte sich was angetan haben. Er konnte auch überfahren worden sein.
„Vielleicht ist er weggegangen von uns", sagte die Mutter. Sie saß da und weinte nicht.
„Wieso?", fragte Maria.
„Weil er allein leben will", sagte Mutter.
„Damit er sich nicht vor uns zu schämen braucht", sagte Maria. „Nicht wahr?"
„Unsinn", sagte ich. „Was gibt es denn da zu schämen? Niemand braucht sich zu schämen, weil er arbeitslos ist."
Maria schaute mich an. „Aber er schämt sich doch", sagte sie.
Er kam nicht in dieser Nacht. Wir riefen die Polizei an, aber die Polizei konnte uns auch nicht helfen. Es war kalt draußen. Meine Mutter saß die ganze Nacht am Fenster. Ich wachte immer wieder auf. Dann war's wieder Tag, ein flauer, griesgrämiger Tag mit wenig Licht. Mein Vater war irgendwo, (...) allein. Vielleicht waren wir ihm schlechte Gefährten

gewesen in seiner Traurigkeit. Meine Mutter blieb zu Hause. Gegen Mittag schlief sie auf dem Sofa ein und sprach im Traum.

Da klingelte es und mein Vater stand da, ganz grau im Gesicht. Er nahm sie in die Arme und sie weinte endlich und er versuchte ein Lächeln. Ich weiß nicht, wo er gewesen ist. Vielleicht hat er wirklich weglaufen wollen, vor uns und vor sich selber. Er bemüht sich seitdem, seine Traurigkeit zu verbergen.

Manchmal geht er spazieren und die Kreuzworträtsel löst er wieder ganz. Ich weiß nicht, wie es weitergehen wird, aber es ist anzunehmen, dass er eines Tages Arbeit findet. Vielleicht morgen, übermorgen oder in einem Monat. Er wird wieder im Morgengrauen aufstehen und sich schimpfend rasieren. Er wird sich die Lippen am Tee verbrennen und bei der ersten Zigarette husten. Am Abend wird er sagen, dass der Mensch ein Sklave ist, und er wird zufrieden sein. Meine Eltern werden nicht mehr streiten und Maria wird das alles schon vergessen haben.

Ich aber habe meinen Vater gesehen, wie er wirklich ist. Ich habe ihn ohne die Tarnung der täglichen Fabrikstunden gesehen. Er ist mein Vater, und ich mag ihn.

Quelle: Gina Ruck-Pauquet, Leseladen. Orte innen und außen, Beltz Verlag, Weinheim, 1977 (gekürzt).

1 Den Text genau lesen

Beim Lesen markierst du auffällige **Textstellen** und **Schlüsselbegriffe**. Notiere dazu stichwortartig deine **Überlegungen** und **Fragen:**

„… mein Vater und ich mag ihn“ (Z. 1) → positive Einstellung zum Vater

„… schwierig geworden: … arbeitslos … verzweifelt und traurig … kam er nicht nach Hause“ (Z. 2 ff.) → Auswirkungen der Arbeitslosigkeit – Ist etwas passiert?

„verdammte Fabrik“ (Z. 4), „… Mensch ein Sklave ist“ (Z. 8), „Vater ist müde“ (Z. 8) → Arbeit als Belastung

„… Geldsorgen haben wir nicht. Auch jetzt nicht …“ (Z. 11 f.) → Eigentlich kein Grund zur Besorgnis

„Ja, er huscht.“ (Z. 16), „Es ist ein Makel, arbeitslos zu sein“ (Z. 18 f.), „Geh in den Park.“ (Z. 21), „… böse geworden“ (Z. 24), „… zu den Rentnern“ (Z. 25) → Scham wegen Arbeitslosigkeit, kein Selbstwertgefühl mehr

„… noch eingekauft“ (Z. 26), „… Wohnung hockte“, „… nicht mehr raus wollte“ (Z. 27), „… draufgestarrt, aber nichts gesehen“ (Z. 29),

„... Kreuzworträtsel hat er gelöst. ... Stundenlang." (Z. 29 f.)
→ Beginnender Rückzug, Depression

„... entlassen? Warum gerade dich?" (Z. 31 f.), „krank", „Rheuma" (Z. 36) → Gründe für die Entlassung

„... schlimm in ihm ausgesehen haben ..." (Z. 41), „Keiner konnte an ihn ran" (Z. 42), „Einfach weg" (Z. 43) → Wachsende Depression, spurloses Verschwinden

„gesessen", „gewartet", „angerufen", „Mutter rauchte", „Maria sah furchtbar klein aus" (Z. 43–46) → Reaktionen auf das Verschwinden

„betrank er sich", „... was angetan haben", „... überfahren worden", „weggegangen", „allein leben", „... nicht schämen braucht", „schämt sich doch!" (Z. 47–57) → Vermutungen über den Grund des Verschwindens

„kam nicht", „Polizei konnte auch nicht helfen", „allein", „schlechte Gefährten gewesen in seiner Traurigkeit", „Mutter blieb zu Hause", „schlief ... ein ... sprach im Traum" (Z. 58–64) → Weiteres besorgtes und ergebnisloses Warten

„mein Vater stand da, grau im Gesicht", „sie weinte endlich", „er versuchte ein Lächeln", „... Traurigkeit zu verbergen" (Z. 65–69) → Wenig erleichternde Rückkehr des Vaters

„Manchmal ... spazieren", „Kreuzworträtsel löst er ganz", „Ich weiß nicht, wie es weitergehen wird", „... Arbeit findet", „morgen ... in einem Monat", „nicht mehr streiten", „Maria wird alles vergessen haben" (Z. 70–77) → Hoffnung darauf, dass Vater wieder Arbeit findet und darauf, dass wieder die gleiche Normalität wie vor der Arbeitslosigkeit einkehrt

„... wie er wirklich ist", „... ohne Tarnung", „... mein Vater ... ich mag ihn" (Z. 78–80) → Ich-Erzähler steht zu seinem Vater und empfindet Zuneigung für ihn; erst recht, nachdem er ihn ohne den Einfluss der Fabrikarbeit – als Mensch – erlebt hat

2 Stoffsammlung

Wenn du den Text aufmerksam gelesen hast, kannst du die wichtigen **W-Fragen** beantworten:

Wer? *Vater, arbeitsloser Industriearbeiter; Mutter; Tochter Maria; Ich-Erzähler*
Wo? *vermutlich in einer Industriestadt*
Wann? *unklar, einziger Hinweis: ein Freitagabend*

Was? *Vater wird arbeitslos, kommt mit der Situation nicht zurecht. Er wird depressiv und verzweifelt zunehmend.*
Warum? *Sein Arbeitgeber hat ihm gekündigt. Vermutlich wegen seiner Krankheit, seines Alters und der Fehltage.*
Welche Folgen? *Er verschwindet eine Nacht und einen halben Tag, Familie macht sich große Sorgen, Vater versucht anschließend, die Traurigkeit vor seiner Familie zu verbergen.*
Welcher Ausblick? *Hoffnung des Ich-Erzählers, dass irgendwann wieder Normalität in die Familie einkehrt.*

3 Stoffordnung

Für die **Inhaltsangabe** erarbeitest du die einzelnen **Sinnabschnitte**. Dabei helfen dir deine Vorüberlegungen aus Schritt 1. Literarische Texte können mitunter recht viele kleinere Sinneinheiten enthalten.

Sinnabschnitt 1, Z. 1–4:	*Hinführung durch kurze Zusammenfassung der wichtigsten Ereignisse: Der Ich-Erzähler drückt Zuneigung für seinen Vater aus, auch wenn das Zusammenleben aufgrund seiner Arbeitslosigkeit schwierig geworden ist*
Sinnabschnitt 2, Z. 4–10:	*Früher schien die tägliche Arbeit für den Vater nur Last und Anstrengung zu bedeuten*
Sinnabschnitt 3, Z. 10–14:	*Finanzielle Situation der Familie ist trotz Arbeitslosigkeit des Vaters gesichert*
Sinnabschnitt 4, Z. 14–25:	*Der Vater schämt sich seiner Arbeitslosigkeit, traut sich kaum noch aus dem Haus und verliert zunehmend an Selbstwertgefühl*
Sinnabschnitt 5, Z. 26–30:	*Vollkommener Rückzug des Vaters in sich, keine Teilnahme am Familienleben, alle Zeichen einer Depression*
Sinnabschnitt 6, Z. 31–40:	*Frage nach der Ursache für die Entlassung wird beantwortet: Krankheit, Fehltage, Verweis auf Jüngere*
Sinnabschnitt 7, Z. 41–43:	*Weiter zunehmende Depression und Abkehr von der Familie mündet in spurloses Verschwinden*

Sinnabschnitt 8, Z. 43–46:	*Besorgte Reaktionen der Familie*
Sinnabschnitt 9, Z. 47–57:	*Vermutungen über den Grund des Verschwindens, alle Möglichkeiten werden erwogen*
Sinnabschnitt 10, Z. 58–64:	*Weiteres ergebnisloses und besorgtes Warten in den nächsten Tag hinein*
Sinnabschnitt 11, Z. 65–67:	*Wenig erleichternde Rückkehr des Vaters*
Sinnabschnitt 12, Z. 67–77:	*Bemühen des Vaters, die Traurigkeit zu verbergen, Hoffnung des Ich-Erzählers, dass bald wieder Normalität einkehrt, wenn der Vater eine neue Arbeit gefunden hat*
Sinnabschnitt 13, Z. 78–80:	*Fazit des Ich-Erzählers: er steht zu seinem Vater, gerade auch deshalb, weil er ihn ohne den Einfluss der Fabrikarbeit, als Mensch, erlebt hat*

Suche jetzt nach Textstellen, die eine **Reaktion** des Sohnes beschreiben. Dies können direkte Reaktionen sein, aber auch indirekte, also solche, die man aus der Ausdrucksweise ablesen kann. Suche dann nach Stellen im Text, die etwas über die **Gedanken** und **Gefühle** des Sohnes verraten.

Reaktionen:

- *„Er ist mein Vater und ich mag ihn.“ (Z. 1, 79 f.) → Der Junge reagiert mit einer Bekundung seiner Zuneigung für den Vater.*
- *„Ich kapiere das nicht so recht. Aber für meinen Vater ist es ein Makel.“ (Z. 19 f.) → Der Sohn kommt nicht damit zurecht, dass sich der Vater seiner Arbeitslosigkeit schämt und das Haus deswegen kaum noch verlassen will. Er kann die Haltung des Vaters nicht nachvollziehen.*
- *„Und er hat draufgestarrt, aber nichts gesehen, das hat man gemerkt.“ (Z. 28 f.) → Aufgrund des für ihn befremdlichen Verhaltens des Vaters, beobachtet der Junge ihn genau und macht sich Sorgen.*
- *„Einmal habe ich ihn gefragt: … Warum gerade dich?“ (Z. 31 f.) → Er möchte sich mit seinem Vater solidarisieren und ihm zu verstehen geben, dass er die Kündigung/Situation als ungerecht empfindet.*
- *„‚Unsinn‘, sagte ich. ‚Was gibt es denn da zu schämen? Niemand braucht sich zu schämen, weil er arbeitslos ist.‘“ (Z. 55 f.) → Der Sohn macht noch einmal klar, dass er das Verhalten des Vaters nicht versteht und nicht gutheißt, gleichzeitig verteidigt er ihn hier aber auch.*

Gedanken, Gefühle:

- *„Aber in der letzten Zeit ist es mit ihm schwierig geworden …", „Zuerst war er verzweifelt und traurig." (Z. 1 ff.) → Die familiäre Situation um den depressiven Vater belastet ihn sehr.*
- *„Das zwingt ihn aus der Wohnung zu gehen." „… huscht durchs Haus wie einer, der was Böses getan hat." (Z. 14–17) → Er kann das Verhalten des Vaters, sich zu verstecken, nicht aus dem Haus gehen zu wollen, sich zu schämen einfach nicht nachvollziehen.*
- *„Jetzt ist er böse geworden." (Z. 24) → Das Verhalten seines Vaters ist ihm fremd.*
- *„Dann fing das an, dass er nur noch in der Wohnung hockte …" (Z. 26 f.) → Der Sohn nimmt eine fast abschätzige Haltung seinem Vater gegenüber ein; es scheint ihn zu stören und zu belasten, wenn der Vater ständig zu Hause sitzt.*
- *„Es hat sich kratzig angehört …" (Z. 34) → Der Sohn nimmt Anstoß daran, dass der Vater beginnt, sein Äußeres zu vernachlässigen.*
- *„Aber mein Vater hat sein Rheuma. Und die Entlassung hat er auch." (Z. 39 f.) → Er empfindet die Behandlung seines Vaters als ungerecht.*
- *„Es muss schlimm in ihm ausgesehen haben … Einfach weg" (Z. 41–43) → Diese Zeilen drücken Hilflosigkeit und Erschütterung über den offensichtlichen Stimmungszustand des Vaters aus und offenbaren auch ein schlechtes Gewissen des Sohnes.*
- *„Mein Vater war irgendwo, … allein." (Z. 61 f.) → Der Sohn macht sich große Sorgen und ist verzweifelt, weil sein Vater allein und vielleicht hilflos ist. Er vermisst ihn.*
- *„Vielleicht waren wir ihm schlechte Gefährten gewesen in seiner Traurigkeit." (Z. 62 f.) → Er macht sich Vorwürfe.*
- *„Vielleicht hat er wirklich weglaufen wollen … Er bemüht sich seitdem, seine Traurigkeit zu verbergen." (Z. 67 ff.) → Der Sohn entwickelt ein gewisses Verständnis für das Weglaufen seines Vaters, es ist ihm aber nicht genug, wenn sich dieser nur bemüht, die Traurigkeit zu verbergen.*
- *„Ich weiß nicht, wie es weitergehen soll … und Maria wird das alles schon vergessen haben." (Z. 71–77) → Der Sohn fühlt seine Hilflosigkeit und versucht, sich mit dem Gedanken zu beruhigen, dass irgendwann „Normalität" einkehren und sein Vater wieder über die Arbeit klagen wird.*
- *„Ich aber habe meinen Vater gesehen, wie er wirklich ist … Er ist mein Vater, und ich mag ihn." (Z. 78–80) → Der Sohn empfindet Zuneigung für seinen Vater, weil er jetzt sein wahres Gesicht kennenlernen konnte. Er hat den Menschen in seinem Vater gesehen, der Gefühle hat, und nicht nur den hart arbeitenden „Automaten".*

Die **Sprache** sollst du nur im Hinblick auf den Satzbau und die Wortwahl untersuchen. Beschränke dich auf einige wichtige Auffälligkeiten. Beschreibe immer auch die **Wirkung** der sprachlichen Merkmale.

- *Sehr häufige Verwendung kurzer, einfacher Sätze, z. B. in den Zeilen 1–4, 11, 19, 38 f., 45 f. → Monotonie des Lebens, Verzweiflung, Last des Wartens auf den Vater, sie lassen auch die gedrückte Stimmung nachempfinden, die auf der Familie lastet; insgesamt spiegeln kurze und einfache Sätze hier den mündlichen Sprachgebrauch wider.*
- *Einfache Reihungen mit „und", z. B. in den Zeilen 1, 13, 26 f., 38 f., 69, 70 usw. → umgangssprachlicher Erzählstil, der aber auch die Belastung durch diese Situation ausdrückt.*
- *Satzanfänge mit „und/oder", z. B. in den Zeilen 3, 9, 28, 40 → Besondere Hervorhebung und Betonung der Fakten.*
- *Unvollständige Sätze, z. B. in den Zeilen 16, 30, 38, 43 → Hervorhebung von Aussagen, Betonung und Verstärkung („Einfach weg." Z. 43), auch umgangssprachlicher Erzählstil.*
- *Wörtliche Rede, z. B. in den Zeilen 21 ff., 31 ff., 49 ff. → Wirklichkeitsnahe und authentische (echte) Darstellung von Schlüsselstellen: die Weigerung, aus dem Haus zu gehen (Z. 21 ff.), die Ursachen der Arbeitslosigkeit (Z. 31 ff.) und die verzweifelten Gespräche über die Ursachen des Wegbleibens (Z. 43 ff.).*

Überlege nun, welche **Textsorte** vorliegt. Notiere typische Merkmale, die du im Text findest.

Der Text zeigt typische Merkmale einer Kurzgeschichte:
- *unvermittelter Beginn: Es werden keine Angaben zu Namen, Ort, Zeit gemacht: Der Leser ist sofort im Geschehen.*
- *Darstellung eines begrenzten Zeitabschnitts mit entscheidenden Wendepunkten: Arbeitslosigkeit reißt einen Mann aus dem geregelten Leben, er kommt mit der Situation nicht zurecht, empfindet Scham, zieht sich immer mehr zurück, verschwindet spurlos. Auch nach seiner Rückkehr verändert sich seine Situation nicht wesentlich, denn er bleibt arbeitslos.*
- *offener Schluss: Hier wird zugleich der Beginn wieder aufgenommen („Er ist mein Vater, und ich mag ihn."): Der Leser wird angeregt, darüber nachzudenken, wie sich das Schicksal des Vaters und der ganzen Familie weiterentwickeln könnte.*

4 Gliederung

Die geordneten Überlegungen kannst du in einer Gliederung festhalten:

Einleitung
In dem Text von Gina Ruck-Pauquet schildert ein Junge die schwierige Situation seines Vaters, der seinen Arbeitsplatz verloren hat und mit der Arbeitslosigkeit nicht umgehen kann

Hauptteil
Interpretation des Textes „Arbeitslos" von Gina Ruck-Pauquet

1. *Zusammenfassung des Inhalts*
2. *Reaktion, die der Sohn auf das Verhalten seines Vaters zeigt sowie seine Gedanken und Gefühle*
3. *Besonderheiten von Sprache und Satzbau*
4. *Nachweis der Textsorte (Kurzgeschichte)*

Schluss
Die Kurzgeschichte macht für mich eindrucksvoll klar, welcher Verzweiflung jemand ausgesetzt ist, der arbeitslos wird

5 Einleitung

In einem **Basisinformationssatz** nennst du Autor, Titel und Textsorte und sagst kurz, worum es in dem Text geht.

In der Kurzgeschichte „Arbeitslos" von Gina Ruck-Pauquet beschreibt ein Junge, wie belastend die Arbeitslosigkeit des Vaters für ihn und zunehmend für das Leben der ganzen Familie ist. Der Vater wird immer verzweifelter und kommt eines Abends nicht nach Hause.

6 Hauptteil

Beginne den Hauptteil mit einer **Inhaltsangabe**.

TIPP: Da du den Basisinformationssatz bereits in der Einleitung deiner Textinterpretation formuliert hast, kannst du hier gleich mit der **Zusammenfassung der einzelnen Sinnabschnitte** beginnen.

Der Ich-Erzähler fasst die Ereignisse zu Beginn der Erzählung kurz zusammen, indem er von der Arbeitslosigkeit seines Vaters, dessen Verzweiflung und der Flucht von zu Hause berichtet. Trotz der schwierigen Situation drückt der Sohn seine Zuneigung zum Vater aus.
Früher schien die tägliche Arbeit für den Vater eine Last zu sein. Für die Familie hatte er aufgrund seines anstrengenden Berufs wenig Zeit.

Trotz der Arbeitslosigkeit ist die finanzielle Situation der Familie gesichert. Doch der Vater schämt sich seiner Arbeitslosigkeit, traut sich kaum noch aus dem Haus und verliert zunehmend an Selbstwertgefühl. Schon bald zieht er sich völlig zurück, nimmt nicht mehr am Familienleben teil und zeigt alle Zeichen einer schweren Depression. Die Krankheit, die er sich in der Fabrik zugezogen hat und die durch sie bedingten Fehltage haben wahrscheinlich zu der Entlassung geführt. Schließlich nehmen Depression und Abkehr von der Familie immer weiter zu und dies alles mündet in sein spurloses Verschwinden an einem Freitagabend. (…)

Erläutere nun die **Reaktion** des Sohnes auf die Situation sowie seine **Gedanken** und **Gefühle**. Belege deine Aussagen immer am Text, indem du die Textstellen nennst oder wichtige Stellen zitierst.

Trotz oder gerade wegen der Arbeitslosigkeit empfindet der Junge große Sympathie und Zuneigung für seinen Vater („und ich mag ihn" – Z. 1, 80). Der Sohn versteht jedoch nicht, dass sich der Vater wegen seiner Arbeitslosigkeit schämt, nicht mehr aus dem Haus gehen will und sie als Makel empfindet (Z. 19). Aufgrund des für ihn befremdlichen und sicher auch belastenden Verhaltens beobachtet er seinen Vater genau und macht sich Sorgen, weil dieser kaum noch Interesse an seiner Familie zeigt; so starrt er beispielsweise auf die Hausaufgaben seiner Tochter, ohne diese wirklich wahrzunehmen (Z. 27 ff.). Einmal traut sich der Sohn, den Vater nach den Gründen der Entlassung zu fragen und schiebt ein „warum gerade dich?" (Z. 31 f.) hinterher. Damit möchte er sich mit dem Vater solidarisieren und ihm zu verstehen geben, dass er dessen Entlassung ungerecht findet und an den Qualifikationen des Vaters nicht zweifelt. Nachdem der Vater plötzlich spurlos verschwunden ist und die ganze Familie sich Sorgen macht, verdeutlicht der Sohn erneut, dass er die Gefühle seines Vaters, die der Arbeitsplatzverlust ausgelöst hat, nicht versteht. Er kann diese Haltung nicht gutheißen; er verteidigt ihn aber dennoch, als die Schwester fragt, ob der Vater verschwunden sei, weil er sich vor seiner Familie schäme, indem er darauf „Unsinn" erwidert (Z. 55). Der Sohn begrüßt es, dass der Vater zunächst noch das Arbeitslosengeld abholt (Z. 14–17). Er erkennt ihn aber kaum wieder, als er sieht, wie der Vater verstohlen durch den Hausflur „huscht" (Z. 16). Auch, dass der Vater jetzt „nur noch in der Wohnung hockt" (Z. 27), belastet den Sohn sehr. Die Formulierung drückt zudem eine abschätzige Haltung gegenüber dem Verhalten des Vaters aus.

Untersuche nun den Satzbau. Wichtig ist, dass du die Auffälligkeiten nicht nur benennst, sondern auch ihre **Wirkung** im Text **beschreibst**.

In der Kurzgeschichte fallen vor allem kurze und einfache Hauptsätze auf, die zum einen die Monotonie des Lebens (z. B. Z. 11) veranschaulichen, zum anderen die Verzweiflung und die Last des Wartens auf den Vater greifbar machen (Z. 45 f.). Insgesamt stehen kurze und einfache Sätze für den mündlichen Sprachgebrauch, für das Erzählen. Einfache Reihungen verbunden durch die Konjunktion „und" (z. B. in den Zeilen 1, 13, 28 f., 37 f.) unterstreichen den umgangssprachlichen Erzählstil, der für eine Arbeiterfamilie passend und echt wirkt. Die Reihungen verdeutlichen auch die belastende Situation, die sich für die Familie durch die Arbeitslosigkeit und das Verschwinden des Vaters ergibt. Satzanfänge mit „und/oder" betonen besonders einzelne Tatsachen, z. B. die Hervorhebung der Tatsache, dass der Junge seinen Vater mag (Z. 1, 80) oder die Hervorhebung, dass der Vater neben seiner berufsbedingten Rheumaerkrankung auch die Kündigung durch seine Firma hinnehmen muss. Ähnlich betonend und hervorhebend wirken unvollständige Sätze: „Stundenlang." (Z. 30) hebt noch einmal das Unnormale an der Situation hervor, da der Vater früher sicher nie stundenlang Kreuzworträtsel löste, weil er dazu keine Zeit hatte. Die Fassungslosigkeit und Ratlosigkeit der Familie wird nochmals hervorgehoben, wenn es heißt: „Einfach weg." (Z. 43). Überdies gehören unvollständige Sätze auch zum umgangssprachlichen Erzählstil. (…)

Wenn du die **Textsorte** bestimmst, solltest du die einzelnen Merkmale immer am Text **nachweisen**.

Der Text „Arbeitslos" von Gina Ruck-Pauquet zeigt typische Merkmale einer Kurzgeschichte. Die Geschichte beginnt unvermittelt mit einer Art Zusammenfassung der entscheidenden Entwicklungen in der Handlung und der Feststellung, dass der Ich-Erzähler seinen Vater akzeptiert und mag. Die Arbeitslosigkeit, ihre negativen Auswirkungen auf den Vater und seine Flucht vor der Familie werden geschildert. Es fehlen Angaben zur Zeit und zum Ort, der Leser befindet sich sofort mitten im Geschehen. Außer dem Namen der Tochter „Maria" werden keine weiteren Namen genannt und als Zeitangabe jener Freitagabend, an dem der Vater verschwunden ist. Ebenso besitzt der Text einen offenen Schluss, der sich hier mit dem Beginn deckt. Denn wie zu Beginn bekundet der Sohn auch am Ende des Textes seine Sympathie und Zuneigung zum Vater. Eine Lösung der Ausgangslage ist jedoch nicht in Sicht. Der Vater ist auch nach seiner Rückkehr arbeitslos. Der Sohn hofft, dass sich das eines Tages ändern wird und die frühere Normalität wieder eintritt, die vom schwer arbeitenden

Vater geprägt war. Der Leser wird so zum Nachdenken darüber angeregt, wie sich das Schicksal des Vaters und aller Beteiligter weiterentwickeln könnte – findet er wieder Arbeit, wird er krank, hält er der Verzweiflung stand oder zerbrechen er und seine Familie daran? (...)

7 Schluss

Abschließend befasst du dich damit, welche **Wirkung** der Text auf dich hat. Vergiss dabei nicht, deine Meinung zu **begründen**.

Diese Kurzgeschichte behandelt ein in unserer Zeit aktuelles und wichtiges Thema, nämlich die Arbeitslosigkeit. Sie betrifft hier einen Menschen, der offenbar nichts als seine Arbeit kannte, auch wenn er darauf schimpfte. Nun bricht eine Welt für ihn zusammen. Der Autorin ist es gelungen, in einer einfachen, aber sehr eindringlichen Sprache die Verzweiflung und die Lähmung, die die ganze Familie durch dieses Ereignis erfasst, zu schildern. Dadurch, dass der Ich-Erzähler in meinem Alter sein könnte, fühle ich mich besonders angesprochen und kann die Situation nachempfinden. Mir ginge es in einer solchen Situation ähnlich, denn ich wäre ebenfalls traurig und hilflos, wenn mein Vater niemanden mehr an sich heranließe. Und dennoch würde auch ich ihn genauso akzeptieren und gern haben wie immer. Diese Kurzgeschichte passt in unsere Zeit, denn Arbeitslosigkeit ist auch heute ein Thema, und viele hunderttausend Menschen bzw. Familien können in derselben verzweifelten Situation sein.

7.2 Ein Gedicht interpretieren

Wenn du ein Gedicht interpretierst, gehst du grundsätzlich genauso vor wie bei einem literarischen Prosatext (→ S. 98–109). Bei Gedichten musst du jedoch die **formale** und **sprachliche Gestaltung** besonders beachten und sie mit dem Inhalt des Gedichts in Beziehung setzen. Stelle dabei stets die zentrale Frage: **Inwiefern wird die inhaltliche Aussage des Gedichts durch die sprachliche Form unterstützt?**

Wie gehst du bei einer Gedichtinterpretation vor?

Aufgabenstellung:
Interpretiere das folgende Gedicht.

Joseph von Eichendorff: Sehnsucht *(1834)*

Es schienen so golden die Sterne,
Am Fenster ich einsam stand
Und hörte aus weiter Ferne
Ein Posthorn im stillen Land.
Das Herz mir im Leib entbrennte,
Da hab ich mir heimlich gedacht:
Ach, wer da mitreisen könnte
In der prächtigen Sommernacht!

Zwei junge Gesellen gingen
Vorüber am Bergeshang,
Ich hörte im Wandern sie singen
Die stille Gegend entlang:
Von schwindelnden Felsenschlüften,
Wo die Wälder rauschen so sacht,
Von Quellen, die von den Klüften
Sich stürzen in die Waldesnacht.
Sie sangen von Marmorbildern,
Von Gärten, die überm Gestein
In dämmernden Lauben verwildern,
Palästen im Mondenschein.
Wo die Mädchen am Fenster lauschen,
Wann der Lauten Klang erwacht,
Und die Brunnen verschlafen rauschen,
In der prächtigen Sommernacht.

Quelle: Rudolf von Gottschall (Hrsg.): Joseph Freiherrn von Eichendorffs Werke. Bd. 1. Max Hesse Verlag: Leipzig o. J., S. 61.

1 Das Gedicht genau lesen

Lies das Gedicht (mehrmals) **aufmerksam** durch. Markiere wichtige **Textstellen** und **Schlüsselbegriffe**, notiere deine Überlegungen dazu.

„einsam" (V. 2) → lyrisches Ich ist allein, steht „am Fenster" (V. 2) und sehnt sich danach, „mitreisen" (V. 7) zu können
„hörte" (V. 3 und 11) → lyrisches Ich hört nur zu und tut selbst nichts
„Herz … entbrennte" (V. 5) → zeigt große Sehnsucht des lyrischen Ichs
„heimlich gedacht" (V. 6) → lyrisches Ich denkt nur und handelt nicht
„Zwei junge Gesellen" (V. 9) → anders als das lyrische Ich sind sie nicht allein und wandern, befinden sich also auf einer Reise
„singen" (V. 11) → Gesellen singen von dem, was man auf Reisen sieht
„lauschen" (V. 21) → auch die Mädchen hören nur zu
„Sterne" (V. 1), „Sommernacht" (V. 8, 24) usw. → alles findet nachts statt

Schlage unbekannte Wörter in einem **Wörterbuch** nach.

„Felsenschlüften" (V. 13) → Schluft: veraltetes Wort für Schlucht

2 Stoffsammlung

Stelle zunächst folgende Überlegungen zum **Inhalt** des Gedichts an:

- **Worum geht es** in dem Gedicht? Welches **Thema** (z. B. Liebe, Natur, Trauer, Gesellschaftskritik) wird angesprochen?
- Passt die **Überschrift** zur Aussage des Gedichts?
- Wie ist der **inhaltliche Aufbau** des Gedichts?
- Gibt es ein **lyrisches Ich**? Wird ein lyrisches Du angesprochen?

TIPP: Auch wenn der **Dichter** die Ich-Form verwendet, darfst du ihn auf keinen Fall mit dem **Sprecher** des Gedichts gleichsetzen. Bezeichne den Sprecher stets als „lyrisches Ich".

Thema: *Fernweh, Reiselust*
Überschrift: *„Sehnsucht" passt gut zur Stimmung des Gedichts. Denn es geht nur um die Sehnsucht nach dem Reisen, nicht um die Verwirklichung.*
inhaltlicher Aufbau: *Zweiteilung in Strophe 1 und Strophe 2/3*
Vers 1–8: Lyrisches Ich hört ein Posthorn und sehnt sich danach, zu reisen.
Vers 9–24: Lyrisches Ich hört den Gesang von zwei Wandergesellen.
lyrisches Ich: *steht am Fenster und ist von „Sehnsucht" geplagt*

Betrachte nun die **Gedichtform** genauer:

- Wie viele **Strophen** hat das Gedicht? Aus wie vielen Versen bestehen die Strophen jeweils? Sind hier Regelmäßigkeiten zu erkennen (z. B. bestimmte Verszahl pro Strophe, Wiederholung einzelner Verse)?
- Liegt ein bestimmtes **Reimschema** vor? Schreibe das Reimschema neben die Verszeilen (z. B. so: a a b b).
- Gibt es ein bestimmtes **Versmaß** (Metrum)? Sind die Silbenbetonungen regelmäßig verteilt? Oder liegen **freie Rhythmen** vor (reimlose Verse ohne regelmäßige Betonungen und mit beliebiger Länge)?
- Wie **wirken** Strophenform, Reimschema und Versmaß? Eine regelmäßige Form wirkt z. B. eher harmonisch und positiv, eine unregelmäßige Form dagegen eher störend und beunruhigend.
- Überlege abschließend: **Passt die Form zur Aussage** des Gedichts? Zu einer positiven Gedichtaussage passt also eher eine regelmäßige Form (und umgekehrt). Wenn Form und Inhalt nicht zusammenpassen, musst du überlegen: Warum ist das so? Welche Wirkung hat das auf den Sinn des Gedichts?

Strophen: *3 mit je 8 Versen, Vers 8 wiederholt sich in Vers 24*
→ betont die Zweiteilung des Gedichts in Vers 1–8 und Vers 9–24.
Reimschema: *a b a b c d c d (Kreuzreim) → gleichmäßig, harmonisch*
Versmaß: *meist Daktylus (auf eine betonte Silbe, hier markiert mit ´, folgen zwei unbetonte, z. B. „Es schíenen so gólden die Stérne"), seltener Trochäus (auf eine betonte Silbe folgt eine unbetonte, z. B. „Am Fénster ich éinsam stánd"), jeweils mit unbetontem Auftakt auf den/r ersten (beiden) Verssilbe(n) → gleichmäßig schwingender Rhythmus, ähnlich wie das beschwingte Wandern der Gesellen*
Aber: Regelmäßigkeit ***passt nicht so gut*** *zum Thema „Sehnsucht nach dem Reisen", unruhiger Rhythmus würde der inneren Unruhe des lyrischen Ichs eher entsprechen!* ***Frage:*** *Ist das lyrische Ich vielleicht gar nicht von Unrast geplagt und an sich zufrieden mit sich und seiner Sehnsucht?*

Sieh dir die **sprachlichen Besonderheiten** des Gedichts an, vor allem:

- **Sprachbilder**, wie bildhafte Vergleiche, Metaphern, Personifikationen, Symbole oder **Bereiche**, aus denen die Wörter stammen, z. B. Natur, Nacht,
- **Wiederholungen** oder **regelmäßige Abfolge** von Wörtern wie Anapher (gleiche Wörter am Satz-/Versanfang) oder Parallelismus (Aufeinanderfolge von gleich bzw. ähnlich gebauten Satzteilen),
- **lautliche Gestaltung**, z. B. durch Alliterationen (Wiederholung von gleichen Lauten am Wortanfang).

Überlege: **Wie wirkt die Sprache** in Bezug auf die Gedichtaussage?

Die Wörter finden sich gehäuft in den ***Bereichen***
- *Natur: z. B. „Felsenschlüften", „Wälder", „Klüfte", „Gärten",*
- *Wasser: „Quellen", „Brunnen",*
- *Nacht: „Sterne", „Sommernacht", „Waldesnacht", „Mondenschein",*

Die Natur ist einerseits wild („schwindelnden Felsenschlüften", „Quellen, die ... sich stürzen", „Gärten, die ... verwildern") und andererseits sanft („Wälder rauschen so sacht", „Brunnen verschlafen rauschen").
Wirkung: *Die Sehnsucht des lyrischen Ichs ist offensichtlich eng verbunden mit unberührter, ungezügelter Natur, einer unbestimmten Erinnerung an Vergangenes und einer nächtlichen Stimmung.*

3 Stoffordnung

Notiere deine Überlegungen geordnet nach
- **inhaltlicher Aussage:** Thema, Überschrift, Aufbau, lyrisches Ich
- **Form:** Strophen, Reimschema, Versmaß, Rhythmus
- **Sprache:** Sprachbilder, Wiederholungen, lautliche Gestaltung

4 Gliederung

Eine Gliederung als **„roter Faden"** ist auch bei einer Gedichtinterpretation sinnvoll. Lege sie in der **Reihenfolge** deiner Stoffordnung an.

Einleitung
Es geht um die unerfüllbare Sehnsucht nach dem Reisen

Hauptteil
Interpretation des Gedichts „Sehnsucht" von Joseph von Eichendorff
1. *Inhaltliche Aussage*
2. *Untersuchung der Form*
3. *Untersuchung der Sprache*

Schluss
Die Sehnsucht als Lebensgefühl

5 Einleitung

Auch eine Gedichtinterpretation beginnst du am besten mit einem **Basisinformationssatz**. Erkläre hier kurz, worum es in dem Gedicht geht, und gib Titel und Autor an.

In dem Gedicht „Sehnsucht" von Joseph von Eichendorff spricht ein lyrisches Ich über seine offenbar unerfüllbare Sehnsucht nach dem Reisen.

6 Hauptteil

Im Hauptteil führst du deine **Überlegungen zu Inhalt, Form, Sprache und Wirkung** des Gedichts aus. Halte dich an die Reihenfolge, die du in deiner Stoffordnung/Gliederung festgelegt hast. Wichtig ist auch hier, dass du deine Aussagen **belegst** und geeignete Gedichtstellen **zitierst**. Im folgenden Ausschnitt wird die Form des Gedichts näher untersucht.

Das Gedicht besteht aus insgesamt drei Strophen mit jeweils acht Versen: Es fällt auf, dass der Vers „In der prächtigen Sommernacht" wiederholt wird und jeweils als letzter Vers Strophe 1 und 3 abschließt. Die Zweiteilung des Gedichts wird so verdeutlicht: Denn in Strophe 1 geht es darum, dass das lyrische Ich „aus weiter Ferne" ein Posthorn hört und sich wünscht, (mit der Postkutsche) mitreisen zu können. In Strophe 2 und 3 hört das lyrische Ich zwei Wandergesellen singen und gibt den Inhalt ihres Gesangs wieder. Das Reimschema des Gedichts ist durchgängig in allen Strophen der Kreuzreim a b a b c d c d. Gleichmäßig ist ebenso das Versmaß: Die meisten Verse haben das Metrum des Daktylus, seltener auch des Trochäus. Dadurch entsteht ein schwingender Rhythmus, der regelmäßig fortschreitet, ähnlich wie das Wandern der Gesellen.
Das Thema des Gedichts ist die Sehnsucht des einsamen lyrischen Ichs. Bei diesem Thema würde man eher eine unregelmäßige Form erwarten, die die innere Unruhe des lyrischen Ichs widerspiegelt. Doch das lyrische Ich scheint gar nicht von Unruhe und Verzweiflung geplagt zu werden. Es will seine Reisewünsche anscheinend gar nicht in die Tat umsetzen, denn es denkt nur „heimlich" darüber nach und spricht auch nur im Konjunktiv davon („wer da mitreisen könnte", V. 7). Die Sehnsucht allein genügt ihm offenbar. Dazu passt auch der gleichmäßig schwingende Rhythmus (…)

7 Schluss

Äußere dich am Schluss noch einmal zur **Kernaussage** des Gedichts und denke darüber nach, was dir der Text **persönlich** sagt.

Im Mittelpunkt des Gedichts steht die Sehnsucht nach dem Reisen. Diesen Reisewunsch kann ich gut nachempfinden. Jedoch verbinde ich – wie wohl die meisten Menschen heutzutage – eine andere Vorstellung mit dem Reisen. Heute möchte man reisen, um sich zu erholen und bestimmte Länder kennenzulernen. Eine Reise wird oft schon Monate vorher geplant, man kann sich z. B. mit einem Reiseführer gut darauf vorbereiten und weiß, was einen erwartet. All dies ist für das lyrische Ich nicht von Bedeutung, es sehnt sich nach der Ferne, ohne ein festes Ziel zu haben, und hat nur vage Vorstellungen von „Felsenschlüften", „Marmorbildern" und „Palästen".

7.3 Einen Sachtext analysieren

Sachtexte sind **nicht fiktionale** Texte (im Gegensatz zu literarischen, fiktionalen Texten). Das heißt, es wird in ihnen etwas über Gegebenheiten gesagt, die es **tatsächlich gibt** (oder gab).
In solchen Texten werden beispielsweise aktuelle Probleme, geschichtliche Ereignisse, gesellschaftliche, politische und wirtschaftliche Entwicklungen oder Naturphänomene thematisiert. Sachtexte findest du sowohl in **Fachbüchern** als auch in **Zeitungen** oder **Zeitschriften**.

Grundsätzlich kannst du bei der Analyse (Untersuchung) eines Sachtextes genauso vorgehen, wie beim Interpretieren von literarischen Texten. Insbesondere bei journalistischen Texten, also bei Zeitungstexten, solltest du großen Wert auf die Untersuchung der **Autorenabsicht** und die Bestimmung der **Textsorte** legen. Je nach Autorenabsicht unterscheidet man folgende Textsorten:

- **informierende Texte:** Nachricht, Bericht, Interview und Reportage
- **kommentierende Texte:** Kommentar, Glosse und Leserbrief
- **appellative Texte:** Aufruf und Werbetext

Da Zeitungstexte in der Regel auch grafisch gestaltet sind, solltest du ebenfalls auf das **äußere Erscheinungsbild** eingehen. Wichtige gestalterische Mittel sind z. B. Schlagzeile, Untertitel, Vorspann (meist fett gedruckte Zusammenfassung des Artikels), Zwischenüberschriften, Abbildungen, Bildunterschriften, Spaltensatz usw. Überlege jeweils auch, welche **Wirkung** durch diese Gestaltungselemente erzielt wird.

Wie gehst du bei der Analyse eines Sachtextes vor?

Aufgabenstellung:
Untersuche den Zeitungsartikel „Fressmaschine Skisport".

- *Fasse in eigenen Worten zusammen, worum es in dem Text geht. Gehe dabei auch auf den inneren Aufbau des Textes ein.*
- *Erläutere, welche Haltung der Verfasser zur aktuellen Entwicklung im Skisport einnimmt. Durch welche sprachlichen Mittel bringt er dies zum Ausdruck?*
- *Bestimme die Textsorte. Belege deine Aussagen anhand des Textes.*

Fressmaschine Skisport

Von Martin J. Freund

Klar: Hauptsache, die Show stimmt. Was sind Abfahrten ohne 70-Meter-Sprünge? Sponsoren, Zuschauer, Medien wollen das Atemberaubende, und nicht zuletzt die Athleten selbst. Je knackiger das Geläuf, umso größer die Chance, dass auch wirklich die Besten siegen. Tempo 110, 120, 130 – wo endet die Vernunft, wo beginnt das unkalkulierbare Risiko? In Gestalt einer bemerkenswerten Verletzungsserie tritt die Frage nach der Sicherheit übermächtig an die alpinen Skiverbände heran.

Groß ist das Wehklagen um das Pech von Maria Riesch und Hilde Gerg. Doch die Österreicher haben vom Saisonstart weg nicht weniger als sieben Cracks durch schwere Verletzungen verloren. Da fällt es nur nicht so auf, weil noch genug andere da sind zum Siegen. Skifahren ist zur Materialschlacht geworden, die dem Athleten die Rolle als schwächstes Glied zuweist. Die brutalen Carving-Ski, die das Knie selbst noch in der Spur halten, wenn der Oberschenkel schon in die andere Richtung fährt, sind in Kombination mit den betonharten Kunstschneepisten Ausdruck einer fatalen Entwicklung, in der der Mensch an seine biologischen Grenzen stößt.

Wann endlich nehmen die Skiverbände ihre Verantwortung wahr? Es kann nicht sein, dass der Skisport zur Fressmaschine für Athleten verkommt, weil sich eine ganze Branche einer unheiligen Allianz aus hightech-versessenen Herstellern, showhungrigen Rechteverwertern und gewissensarmen Funktionären ausgeliefert hat. Spätestens die jüngste Serie schwerer Verletzungen nimmt alle Beteiligten in die Pflicht, das technisch Machbare in Verträglichkeit zu bringen mit den Sicherheitsinteressen der Athleten. Es kann kein Sport auf Dauer aushalten, wenn die Verletztenlisten länger sind als die der Sieger.

Quelle: Passauer Neue Presse, Nr. 288 vom 14. 12. 2005.

1 Den Text genau lesen

Beim Lesen markierst du wichtige **Textstellen** und **Schlüsselbegriffe**. Im Text oben sind diese Stellen bereits gekennzeichnet.

2 Stoffsammlung

Ausgehend von der Überschrift kannst du mithilfe der markierten Textstellen folgende **W-Fragen** beantworten:

Überschrift „Fressmaschine Skisport“
Wen frisst der Skisport? *Er „frisst“ die Athleten („Fressmaschine für Athleten“, Z. 20), d. h., immer mehr Skifahrer sind von einer „bemerkenswerten Verletzungsserie“ (Z. 6) betroffen (z. B. Maria Riesch, Hilde Gerg) und ihre „Sicherheit“ (Z. 7) ist bedroht.*
Warum wird der Skisport als „Maschine“ bezeichnet? *Er ist eine „Materialschlacht“ (Z. 13), in der es um „das technisch Machbare“ (Z. 25) geht und „der Mensch an seine biologischen Grenzen stößt“ (Z. 18).*
Was sind die Gründe dafür? *„Hauptsache, die Show stimmt.“ (Z. 1) Wichtig ist das „Atemberaubende“ (Z. 2 f.).*
Wer ist dafür verantwortlich? *„Sponsoren, Zuschauer, Medien … und nicht zuletzt die Athleten selbst“ (Z. 2 f.) wollen diese „Show“. Die „ganze Branche“ hat sich „einer unheiligen Allianz aus hightech-versessenen Herstellern, showhungrigen Rechteverwertern und gewissensarmen Funktionären ausgeliefert“ (Z. 21–23).*
Was kann man daran ändern? *Die „Skiverbände“ werden aufgefordert, „endlich … ihre Verantwortung“ wahrzunehmen (Z. 19) und „das technisch Machbare in Verträglichkeit zu bringen mit den Sicherheitsinteressen der Athleten“ (Z. 24–26).*

3 Stoffordnung

Lege nun die **Sinnabschnitte** im Zeitungsartikel fest. Formuliere für jeden Sinnabschnitt eine stichwortartige Überschrift und bestimme die jeweilige Funktion des Sinnabschnitts für den ganzen Text.

Sinnabschnitt 1, Z. 1–6:	*aktuelle Situation im Skisport: Je riskanter die Abfahrten sind, umso besser ist die Show (Einleitung, Hinführung zum Thema)*
Sinnabschnitt 2, Z. 6–8:	*Folge: Verletzungsserie (Formulierung des Problems/Anlass des Kommentars)*
Sinnabschnitt 3, Z. 9–12:	*Veranschaulichung der Verletzungsserie anhand von Beispielen (Hauptteil 1)*

Sinnabschnitt 4, Z. 13–18:	*Grund für die Verletzungen: Materialschlacht (Carving-Ski, Kunstschneepisten) bringt die Sportler an ihre Grenzen (Hauptteil 2)*
Sinnabschnitt 5, Z. 19–23:	*Nennung der Verantwortlichen: Skihersteller, Medien, Funktionäre (Hauptteil 3)*
Sinnabschnitt 6, Z. 23–26:	*Zusammenfassende Forderung nach mehr Schutz der Skisportler (Hauptteil 4, Fazit)*
Sinnabschnitt 7, Z. 27 f.:	*mehr Verletzte als erfolgreiche Teilnehmer (Fazit/Ausblick)*

Eine Absicht des Autors liegt darin, seine **Haltung** zu den aktuellen Entwicklungen im alpinen Skisport zum Ausdruck zu bringen. Die Aufgabenstellung verlangt von dir, diese Haltung darzulegen und die **sprachlichen Mittel** herauszuarbeiten, mit denen der Autor seiner Meinung Nachdruck verleiht. Arbeite zunächst die Aussagen heraus, die die Haltung des Verfassers deutlich machen.

Die Haltung des Verfassers zu den aktuellen Entwicklungen im alpinen Skisport:

- *Er will Kritik üben an den Bedingungen im Skisport und dem Verhalten der Verantwortlichen und lehnt die immer riskanteren Rennen ab.*
- *Er kritisiert, dass Sponsoren, Zuschauer, Medien und auch Athleten für immer riskantere Rennen und schwere Verletzungen verantwortlich sind.*
- *Er ruft zum Handeln auf, die Sicherheit der Rennläufer in den Vordergrund zu stellen.*

Im Anschluss daran überprüfst du die entsprechenden Textstellen nach besonderen Auffälligkeiten in **Satzbau, Wortwahl** und **Stilmitteln**.

*Auffälligkeiten im Bereich **Satzbau:***

- *Fragesätze: „Was sind Abfahrten ohne 70-Meter-Sprünge?" (Z. 1 f.) → Beispiel für die Bedingungen, Aufforderung zum Nachdenken; „– wo endet die Vernunft …?" (Z. 5 f.), „Wann endlich nehmen die Skiverbände ihre Verantwortung wahr?" (Z. 19) → anklagende Fragen an die Verantwortlichen*
- *lange Satzgefüge (Z. 14–18, Z. 19–23) → Hervorhebung der Hauptvorwürfe – der Mensch stoße bei der technischen Entwicklung der Ski längst an seine biologischen Grenzen und der Sport habe sich Herstellern, Medien, Funktionären ausgeliefert*
- *einfach strukturierte Aussagesätze (Z. 6–8) → Feststellung, Behauptung – Kern seiner Kritik ist die mangelnde Sicherheit*

Auffälligkeiten im Bereich ***Wortwahl:***
- *bildhafte Adjektive: z. B. „brutal“ (Z. 14), „betonhart“ (Z. 16), „gewissensarm“ (Z. 22 f.) usw. → Kritik an den harten Bedingungen und an der Haltung der Verantwortlichen*
- *Schlüsselwort: „Athleten“ (Z. 3, 13, 20, 26) → Hauptbetroffene als Opfer und auch Täter*

Auffälligkeiten im Bereich ***Stilmittel:***
- *Ellipsen: „Klar: Hauptsache, die Show stimmt“ (Z. 1) usw. → gefühlsbetontes Schreiben angesichts der Zustände im Skisport*
- *bildhafte Wortneuschöpfungen: „Fressmaschine“ (u. a. Überschrift), „hightech-versessen“ (Z. 21 f.), „showhungrig“ (Z. 22) → Kritik an den Verantwortlichen im Skisport, der die Athleten „zu verschlingen droht“*

Abschließend kannst du nun die **Textsorte** bestimmen und notieren:

Der Text zeigt Merkmale eines ***Kommentars****, z. B.*
- *Information über den alpinen Skisport und die Umstände, die zu den vielen Verletzungen geführt haben,*
- *Meinungsäußerungen des Verfassers (Schuldzuweisung),*
- *direktes Ansprechen des Lesers (Fragen regen Meinungsbildung an),*
- *reißerische und subjektive Formulierungen: z. B. „unheilige Allianz“ (Z. 21), „showhungrig“ (Z. 22), „Fressmaschine“ (u. a. Überschrift) → Verschärfung der Kritik, Provokation, Auslösung einer Diskussion*

4 Gliederung

Auf der Basis deiner Stoffordnung erstellst du nun eine Gliederung, die dir als **Arbeitsplan** und dem Leser als **Inhaltsverzeichnis** dient.

Einleitung
Der Kommentar von Martin J. Freund beschäftigt sich mit den riskanten Bedingungen im alpinen Skisport

Hauptteil
Analyse des Textes „Fressmaschine Skisport“ vom Martin J. Freund
1. *Inhalt und innerer Aufbau des Textes*
2. *Haltung des Autors und Untersuchung der sprachlichen Mittel*
   a) *Haltung des Autors zur aktuellen Entwicklung im Skisport*
   b) *Verwendete sprachliche Mittel (Satzbau, Wortwahl, Stilmittel)*
3. *Nachweis der Textsorte: Kommentar*

Schluss
Die Zuschauer verlangen nach Sensationen

5 Einleitung

In einem **Basisinformationssatz** erklärst du, worum es in dem Zeitungsartikel geht. Du nennst den **Verfasser** und **Titel** des Textes und gibst die **Textsorte** und die **Textquelle** (bestehend aus Datum und Name der Zeitung) an.

Der Zeitungskommentar „Fressmaschine Skisport" von Martin J. Freund, der am 14. 12. 2005 in der „Passauer Neuen Presse" erschienen ist, nimmt die Verletzungsserie im alpinen Skisport zum Anlass, sich mit den immer riskanteren Rennbedingungen auseinanderzusetzen und die Verantwortlichen zum Handeln für die Sicherheit der Athleten aufzurufen.

6 Hauptteil

Im Hauptteil stellst du die Ergebnisse deiner Analyse im **Zusammenhang** dar. Halte dich dabei an die **Reihenfolge**, die du in deiner Gliederung festgelegt hast. Denke auch daran, deine Aussagen mit Zitaten zu **belegen**.

TIPP: Gestalte deinen Aufsatz **übersichtlich**. Am besten legst du ihn so an, dass du für jeden Gliederungspunkt einen eigenen **Absatz** machst.

Beginne mit der **Inhaltsangabe**.

Skirennen werden immer extremer; Zuschauer, Industrie, das Fernsehen und selbst die Sportler wollen immer Spektakuläreres auf den Pisten erleben. Mit dieser Einleitung führt der Verfasser zur Thematik hin, nämlich den häufigen Verletzungen von alpinen Skistars. Die Verletzungsserie der Deutschen und Österreicher weist darauf hin, dass der Mensch den immer schnelleren Pisten und dem immer besseren Material nicht mehr gewachsen ist. Im letzten Teil des Hauptteils stellt der Autor die Frage, wann die Verantwortlichen ihre Aufgabe ernst nehmen, und nennt als Schuldige die Skiindustrie, die Medien und die Skiverbandsverantwortlichen. Schließlich fordert Freund, trotz technischen Fortschritts auf die Sicherheit der Sportler Rücksicht zu nehmen, sonst würde auf Dauer die Attraktivität des Skisports verlorengehen, heißt es als Fazit.

Formuliere nun deine Aussagen zur **Haltung des Verfassers** in Verbindung mit der **sprachlichen Gestaltung** des Textes:

Die Haltung des Autors zur aktuellen Entwicklung im Skisport ist klar herauszulesen. Er übt heftige und gefühlsbetonte Kritik an den Verantwortlichen, den Zuschauern und den Medien, selbst an den Athleten, denen die Rennen und die unvermeidlichen Stürze nicht spektakulär genug sein kön-

nen. Der Verfasser lehnt Rennen ab, die ein unkalkulierbares Verletzungsrisiko für die Athleten bergen. Ebenso wendet er sich dagegen, dass aufgrund des technischen Fortschritts bei den Skiern und den immer härteren Pisten der Mensch an die Grenzen seiner biologischen Leistungsfähigkeit getrieben wird. Schließlich appelliert er an die Verantwortlichen, die Sicherheit der Rennläufer in den Vordergrund zu stellen und nicht die Sensation und den finanziellen Erfolg.

Mit Fragesätzen spricht der Kommentator die Zuschauer unter seinen Lesern direkt an und fordert sie zum Nachdenken darüber auf, ob sie nicht auch wegen der „70-Meter-Sprünge" zuschauen (Z. 1 f.). Ebenfalls in Frageform wendet sich der Verfasser anklagend an diejenigen, die seiner Meinung nach für die menschenverachtenden Bedingungen im Skisport verantwortlich sind (Z. 5 f. und Z. 19). Seine beiden Hauptvorwürfe hebt er in zwei komplexen Satzgefügen hervor: Zum einen kritisiert er, dass der Mensch längst seine biologischen Grenzen im Skisport erreicht habe, da sich Material und Pisten nicht mehr nach der Belastbarkeit des Körpers richten (Z. 14–18). Zum anderen nennt und beschuldigt er die Hauptverantwortlichen dieser Entwicklung, denn der Sport habe sich Medien, Herstellern und Sponsoren ausgeliefert (Z. 19–23).

Auch durch die Wortwahl verdeutlicht der Autor seine Einstellung zur aktuellen Situation im Skisport. Mit bildhaften Adjektive, wie z. B. „brutal" (Z. 14), „betonhart" (Z. 16) oder „gewissensarm" (Z. 22 f.) werden die harten und oft riskanten Bedingungen, unter denen Rennen ausgetragen werden, und ihre Verantwortlichen kritisiert.

Wortneuschöpfungen, wie z. B. „Fressmaschine" (u. a. Überschrift), „hightech-versessen" (Z. 21 f.), „showhungrig" (Z. 22) veranschaulichen den Standpunkt des Verfassers und wirken zum Teil überzogen. Er möchte mit der Wahl derartiger Ausdrücke seine Kritik und seine Abscheu vor der Vorgehensweise deutlich machen, denn seiner Meinung nach verschlingen die Aktivitäten der Verantwortlichen die Athleten.

Abschließend führst du deine Überlegungen zur **Textsorte** aus:

Der vorliegende Zeitungsartikel ist ein Kommentar. Dies kann man unter anderem daran erkennen, dass der Verfassername über dem Text steht. Zudem formuliert der Verfasser seine persönliche Meinung zu einem aktuellen Ereignis (Verletzungen im alpinen Skisport) und versucht die Hintergründe und Ursachen der Verletzungsserie aus seiner Sichtweise zu erklären. Mit Fragen (z. B. Z. 1 f.) versucht er darüber hinaus, den Leser direkt anzusprechen und fordert zu einer meinungsbildenden Auseinandersetzung mit der Thematik auf.

Bildhafte und zum Teil auch reißerische Wortneuschöpfungen lassen keinen Zweifel an einer subjektiven Darstellung der persönlichen Meinung des Autors. Schließlich endet der Kommentar mit dem Hinweis, dass sich eine Sportart durchaus auch selbst zerstören kann.

7 Schluss

Der Schluss rundet deine Analyse des Textes ab. Du kannst ihn als kurze **begründete Stellungnahme** zum Text bzw. zur Thematik des Textes anlegen oder über **eigene Erfahrungen** berichten. Auch ein zur Thematik passender **Ausblick** ist möglich.

TIPP: Wichtig ist in jedem Fall, dass du deinen Schlussgedanken sinnvoll **begründest**.

Der Kommentar spricht das Problem des hohen Verletzungsrisikos im alpinen Skiweltcup zu Recht an. Dennoch sollte man nicht vergessen, dass vor allem die Zuschauer nach immer sensationelleren Rennen verlangen. Gerade die rasantesten Abfahrten mit den gefährlichsten Sprüngen und leider auch spektakulärsten Stürzen finden den höchsten Zuspruch. Das Hahnenkammrennen in Kitzbühel auf der gefürchteten „Streif" ist ein gutes Beispiel dafür. Ich wage zu bezweifeln, dass die Zuschauer über diesen Zusammenhang nachdenken.

7.4 Eine literarische Figur charakterisieren

In einer literarischen Charakterisierung beschäftigst du dich mit den Aussagen über eine Figur in einem literarischen Text. Eine Charakterisierung stellt dar, welche **Persönlichkeit** der Autor seiner literarischen Figur verleiht. Neben **äußeren Merkmalen** (Aussehen, Alter, Beruf usw.) geht es dabei vor allem um **Charaktereigenschaften**. Im Text werden diese Charaktereigenschaften aber in der Regel nicht direkt genannt. Es steht beispielsweise nicht da, welche Eigenschaften die Figur hat (z. B. „mutig", „ängstlich", „fröhlich"), sondern du kannst nur lesen, wie die Figur handelt und denkt. Aus den dargestellten Verhaltensweisen und Gedanken musst du **Schlussfolgerungen** in Bezug auf ihren Charakter ziehen.

Merkmale einer literarischen Charakterisierung

Halte dich bei einer literarischen Charakterisierung an die **Reihenfolge:**

- Zuerst stellst du die Figur vor und nennst die wesentlichen **Angaben zur Person:** Name, Geschlecht, Alter, Familienstand und Beruf.
- Gehe danach auf ihr **Aussehen** ein, insofern es sich aus dem Text erschließen lässt.
- Stelle nun die **Besonderheiten ihrer Persönlichkeit** dar. Beginne mit den Charaktereigenschaften, die offensichtlich sind. Anschließend gehst du mehr in die Tiefe und betrachtest die Merkmale, die du erst nach einigem Nachdenken erkannt hast. Dazu gehören z. B. Verhaltensweisen, Gedanken, Rede- und Gefühlsäußerungen, Einstellungen, Wünsche, Beziehungen zu anderen Menschen und Veränderungen im Laufe der Geschichte. Ebenso wichtig sind Aussagen, die andere über die Person treffen.
- Abschließend formulierst du eine Art **Ergebnis**, indem du noch einmal die entscheidenden Persönlichkeitsmerkmale herausstellst. Du kannst hier auch zu einer **Bewertung** der Figur gelangen.

Achte beim **sprachlichen Ausdruck** darauf, dass du

- **in eigenen Worten** formulierst,
- **sachlich** und distanziert schreibst, nicht übertreibst und nichts hinzuerfindest, was sich nicht aus dem Text erschließen lässt,
- alle Aussagen über die Figur mit treffenden **Textstellen** belegst.

Die **Zeitstufe** in der literarischen Charakterisierung ist das **Präsens**.

Bestandteile einer literarischen Charakterisierung

äußere Merkmale

Name,
Geschlecht,
Alter,
Beruf,
Aussehen

Figur

Charakter-eigenschaften

Verhaltensweisen,
Gedanken, Gefühle,
Beziehungen zu
anderen Menschen
usw.

Wie gehst du bei einer literarischen Charakterisierung vor?

Aufgabenstellung:
Charakterisiere die Hauptperson aus der Kurzgeschichte „Arbeitslos“ von Gina Ruck-Pauquet (S. 98 ff.).

1 Den Text genau lesen

Wie bei der Textinterpretation musst du auch hier den Text (mehrmals) **aufmerksam lesen**.
Markiere dabei wichtige **Textstellen**, die etwas über die literarische Figur aussagen.

2 Stoffsammlung

Notiere, was du im **Text über die Figur** erfährst: äußere Merkmale, auffällige Verhaltensweisen, Gedanken, Rede- und Gefühlsäußerungen, Einstellungen, Wünsche, Beziehungen zu anderen Personen. Wichtiges kannst du auch daraus ableiten, wie andere Personen über die Figur denken, wie sie diese beschreiben oder sich ihr gegenüber verhalten.
Überlege, welche **Schlussfolgerungen** du daraus in Bezug auf die Persönlichkeit der Figur ziehen kannst. Halte diese ebenfalls fest.

äußere Merkmale:
„… und ist sich mit der Hand übers Kinn gefahren. Es hat sich kratzig angehört, weil er sich damals schon nicht jeden Tag rasiert hat" (Z. 33 ff.) → Er vernachlässigt sein Äußeres.

„ganz grau im Gesicht" (Z. 65) → In der vergangenen Nacht muss er sehr verzweifelt gewesen sein.

Verhaltensweisen / Rede- und Gefühlsäußerungen / Einstellungen:
„verdammte Fabrik" (Z. 4); „schimpfend rasiert" (Z. 6), „… dass der Mensch ein Sklave ist." (Z. 7 f.) → Er schimpft über seine Arbeit, empfindet sie als belastend.

„bei der ersten Zigarette hat er gehustet" (Z. 6 f.) → Ein Anzeichen dafür, dass er starker Raucher ist.

„Er horcht an der Tür … Mein Vater huscht durchs Haus wie einer, der was Böses getan hat." (Z. 15 ff.) → Der Vater kommt mit der Arbeitslosigkeit nicht zurecht, schämt sich, empfindet die Situation als Schande und Makel.

„Jetzt ist er böse geworden." (Z. 24) → Er reagiert aggressiv, wehrt sich gegen den Versuch seiner Frau, ihn nach draußen zu schicken.

„An den ersten Tagen hat er noch eingekauft" (Z. 26); „Stundenlang." (Z. 30) → Der Rückzug erfolgt schrittweise, aber sehr rasch und führt bald dazu, dass er sich auch von der Familie abkapselt.

„Sie haben noch mehr entlassen als mich" (Z. 33) → Er versucht, die Entlassung zu relativieren.

„Vielleicht, weil ich öfter krank war … wegen dem Rheuma." (Z. 35 f.) → Er sucht nach Gründen, die die Arbeitslosigkeit leichter erträglich machen. Insgesamt klingt er sehr resigniert.

„Er nahm sie in die Arme … und er versuchte ein Lächeln." (Z. 65 ff.) → Er hat ein schlechtes Gewissen und scheint erleichtert darüber, wieder zu Hause zu sein. Gleichzeitig hat sich aber an seinem Zustand und der Verzweiflung nichts geändert.

„Manchmal geht er spazieren und die Kreuzworträtsel löst er wieder ganz" (Z. 70) → Es scheinen sich nur minimale Veränderungen ergeben zu haben. Er bemüht sich, nach außen ein bisschen Normalität zu zeigen, dennoch hat sich nichts an der depressiven Grundhaltung verändert. Dass er die Kreuzworträtsel wieder vollständig löst und manchmal spazieren geht, ist der einzige – ein kleiner – Fortschritt.

Beziehungen zu anderen Menschen:
Der Vater ist Ehemann und hat zwei Kinder; über sein Verhältnis zu den Familienmitgliedern wird wenig ausgesagt. Der Leser erfährt aber, dass er vor seiner Arbeitslosigkeit nicht viel Zeit für die Kinder hatte, weil sein Beruf sehr anstrengend war. Nach dem Verlust der Arbeitsstelle verschließt er sich gegenüber seinen Mitmenschen und redet nicht viel über seine schwierige Situation.

Wünsche:
Als er noch gearbeitet hat, litt er unter den schweren Arbeitsbedingungen in der Fabrik und beklagte sich oft über seine Arbeit. Doch nach dem Verlust der Arbeitsstelle besteht sein sehnlichster Wunsch darin, wieder arbeiten zu können (Z. 4 ff.).

Eindrücke anderer Menschen:
„Aber in der letzten Zeit ist es mit ihm schwierig geworden", „Zuerst war er verzweifelt und traurig." (Z. 1–3) → Die Situation belastet die Familie, der Vater ist unzufrieden, traurig, verzweifelt.

„Es muss schlimm in ihm ausgesehen haben", „Keiner konnte an ihn ran." (Z. 41 f.) → Im Nachhinein wird das Ausmaß der Verzweiflung und der Verlust des Selbstwertgefühls deutlich. Er schottet sich von seiner Familie vollkommen ab, will nicht über seine Nöte reden.

„Meine Eltern werden nicht mehr streiten." (Z. 76 f.) → Die Arbeitslosigkeit belastet das Familienklima erheblich, die Eltern streiten deswegen.

3 Stoffordnung

Die Stoffordnung dient dir als **roter Faden** für deinen Aufsatz, damit du keine wichtigen Einzelheiten vergisst.
Ordne deine Notizen so, dass du mit **äußeren Merkmalen** beginnst und dann auf **Charaktereigenschaften** zu sprechen kommst.

1 äußere Merkmale
2 Verhaltensweisen/Rede- und Gefühlsäußerungen/Einstellungen
3 Beziehungen zu anderen Personen
4 Wünsche
5 Eindrücke anderer Personen

4 Einleitung

In der Einleitung stellst du die Figur, um die es geht, erst einmal vor und gehst kurz auf die **Handlung** der Geschichte ein. Nenne hier auch **Titel** und **Autor** des Textes.

Die Kurzgeschichte „Arbeitslos" von Gina Ruck-Pauquet erzählt von den Auswirkungen der Arbeitslosigkeit auf einen Mann und seine ganze Familie.

5 Hauptteil

Im Hauptteil erstellst du ein **Charakterbild** der Figur. Halte dich dabei genau an deine Stoffordnung.

Die Arbeitslosigkeit verändert nicht nur das äußere Erscheinungsbild des Vaters, sondern auch sein Verhalten. Dass er sich nicht mehr jeden Tag rasiert, deutet auf die Vernachlässigung seines Äußeren hin. Sein Erscheinungsbild wird für ihn zunehmend unwichtig. Später, nachdem er spurlos verschwunden war, steht er „ganz grau im Gesicht" (Z. 65) wieder vor der Familie. Die Verzweiflung und sicher auch die Nacht außer Haus wirken sich deutlich auf sein Aussehen aus, das nun die ausweglose Situation widerspiegelt. Vor der Arbeitslosigkeit scheint er aber auch stark unter der Fabrikarbeit gelitten zu haben. Er schimpft auf die „verdammte Fabrik" (Z. 4), rasiert sich „schimpfend" (Z. 6) und sieht sich als „Sklave" seiner Arbeit (Z. 8). Offenbar bestand der Lebensinhalt dieses Mannes allein aus seiner Arbeit, die ihn belastet hat, unter der er litt und die ihn vielleicht auch zu einem starken Raucher gemacht hat, der bei der ersten Zigarette schon hustet (vgl. Z. 6 f.).
Die Arbeitslosigkeit verändert ihn schleichend, aber deutlich. Jetzt huscht er nur noch durch das Haus und horcht an der Tür, damit ihm niemand begegnen kann, wenn er das Haus verlässt (vgl. Z. 15 ff.). Sein Selbstbewusstsein scheint völlig gebrochen zu sein, er wird mit seiner Arbeitslosigkeit nicht fertig und empfindet sie als Makel; er verhält sich wie jemand, der etwas „Böses" (Z. 17) getan hat. Auch die gut gemeinten Ratschläge seiner Frau, die ihn zum Spazierengehen auffordert, lehnt er wütend ab. Er wird sogar „böse" (Z. 24). Schließlich beginnt er, sich ganz in sich zurückzuziehen und sich von seiner Familie zu isolieren. Er nimmt sie nicht mehr wahr, löst stundenlang Kreuzworträtsel (Z. 29 f.) und starrt auf die Hausaufgaben seiner Tochter, ohne wirklich hinzusehen (Z. 29 f.). Dieses Verhalten zeigt Merkmale einer ernsten Depression. Auch Gespräche helfen ihm nicht weiter. Er versucht, seine Entlassung zu relativieren

und zu entschuldigen, indem er sagt, dass auch andere Mitarbeiter ihre Stelle verloren haben. Er sucht zwar nach Gründen für seine Entlassung, geht aber nicht aktiv mit der Bewältigung der Arbeitslosigkeit um. Fehltage und Rheuma (Z. 35 f.) nennt er als Erklärung. In der Kurzgeschichte, in der sehr genau die Auswirkungen der Arbeitslosigkeit auf den Vater beschrieben werden, gibt es keinen Hinweis darauf, dass der Vater aktiv wird, sich zum Beispiel um eine neue Stelle bewirbt. Sein Schicksal scheint ihn völlig zu lähmen. (…)

6 Schluss

Im Schlussteil kannst du nochmals herausstellen, welche Merkmale die Figur **auszeichnen**. Du kannst aber auch **Stellung** zum Charakter der Figur **nehmen** und dich wertend mit ihrem Verhalten auseinandersetzen.

Gina Ruck-Pauquet zeigt in ihrer Kurzgeschichte einen Familienvater, dessen Gefühlsleben durch den Verlust des Arbeitsplatzes komplett durcheinandergerät. Obgleich er, als er noch berufstätig war, unter der Fabrikarbeit litt, sie als Belastung empfand und auf sie schimpfte, nimmt Arbeit für ihn eine ganz andere Bedeutung an, als er plötzlich arbeitslos ist. Er empfindet die Arbeitslosigkeit als einen solchen Makel, dass er verzweifelt, schließlich nicht mehr aus dem Haus geht und Depressionen bekommt. Er kapselt sich von seiner Familie ab und verschwindet plötzlich spurlos für eine Nacht und einen halben Tag. Aufgrund der beschriebenen Situation liegt durchaus die Annahme nahe, dass er seine Familie verlassen oder möglicherweise Selbstmord begehen wollte.
Das Schicksal Arbeitslosigkeit trifft sicherlich jeden hart, wenn er betroffen ist. Dennoch verstehe ich nicht, dass der Vater offenbar keinerlei Initiative ergreift, eine neue Arbeit zu finden. Es könnte möglicherweise daran liegen, dass die Entlassung jedes Selbstwertgefühl in ihm zerstört hat und er zu diesem Zeitpunkt gar nicht anders handeln kann.

8 Produktiver Umgang mit literarischen Texten

Beim produktiven Umgang mit literarischen Texten geht es darum, dass du einen **eigenen Text** verfasst. Der Aufsatz, den du dafür schreiben sollst, knüpft inhaltlich an einen vorgegebenen Text an. Er führt aber auch über ihn hinaus, weil du zusätzliche Überlegungen anstellen musst: So musst du dich meist in die **Perspektive** einer literarischen Figur (Person, die im Text vorkommt) hineinversetzen und das im Text vorgegebene Geschehen aus ihrer Sicht darstellen und kommentieren. Bringe dabei auch zum Ausdruck, in welcher **Ausgangssituation** sich die Figur befindet und welche (möglichen) **Gefühle** und **Verhaltensweisen** die Figur zeigt. Oft ist eine produktive Aufgabe auch damit verknüpft, dass du das Geschehen in einer anderen **Textsorte** darstellst (z. B. in einem Brief, Tagebucheintrag oder Dialog).

Folgende produktive **Schreibformen** können bei literarischen Texten von dir verlangt werden:

- persönlicher Brief von einer literarischen Figur (oder von dir selbst) an eine andere literarische Figur (→ S. 70 f.)
- Tagebucheintrag einer literarischen Figur (→ S. 134 f.)
- Fortsetzung eines Textes (→ S. 136 f.)
- innerer Monolog einer literarischen Figur (→ S. 138 f.)
- Dialog zwischen zwei literarischen Figuren (→ S. 140 f.)
- Übertragung in eine andere Textsorte (→ S. 142 f.)

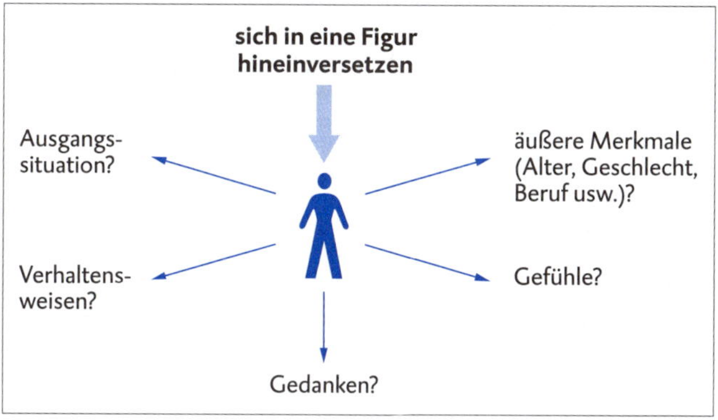

Merkmale des produktiven Umgangs mit literarischen Texten

Wenn du die Perspektive einer literarischen Figur übernimmst, kommt es darauf an,

- dass du die **Gedanken**, **Gefühle** und **Vorstellungen** der Figur möglichst anschaulich wiedergeben kannst,
- dass du dich dabei an die **Vorgaben** (Handlung, Personen, Aufgabenstellung) und die **Kernaussagen** aus dem Ausgangstext hältst,
- dass du dein **Textverständnis** zeigst. Denn mit solchen Aufgabenstellungen soll u. a. auch überprüft werden, dass du den vorgegebenen Text grundlegend verstanden hast.

Für die **sprachliche Gestaltung** deines Textes solltest du dir stets die folgenden Fragen stellen:

- **Welcher Sprachstil passt zur Person**, in die du dich hineinversetzt? Würde die literarische Figur so schreiben oder sprechen?
- **Welcher Sprachstil passt zur Schreibform** (Textsorte)?
  In einem inneren Monolog oder Tagebucheintrag kannst du z. B. verkürzte oder abgebrochene Sätze, Ausrufe oder Fragen verwenden, um den Gedankengang der Figur anschaulich wiederzugeben.
  Beachte: Auch wenn du hier etwas freier formulieren kannst, musst du die Regeln zur Rechtschreibung und Zeichensetzung einhalten.

Wie gehst du beim produktiven Umgang mit literarischen Texten vor?

1 Den Text genau lesen und die Aufgabenstellung klären

Lies als Erstes den vorgegebenen Text **aufmerksam** durch.
Überlege dann, was die **Aufgabenstellung** von dir verlangt:

- Welche **Schreibform** wird gefordert?
- In welche **literarische Figur** sollst du dich hineinversetzen?
- Welche **inhaltlichen Anforderungen** sind vorgegeben?
- An welcher **Textstelle** soll dein produktiver Text anknüpfen?

2 Stoffsammlung

Markiere alle **Textstellen**, die etwas über die literarische Figur und die Ausgangssituation, in der sie sich befindet, aussagen.

Notiere nun stichwortartig deine Überlegungen:
- Welche wichtigen **Hinweise zur Figur** lassen sich dem Text entnehmen (Alter, Beruf, Charaktereigenschaften, Verhaltensweisen)?
- In welcher **Ausgangssituation** befindet sich die Figur?
- Welche **Gefühle** und **Gedanken** hat die Figur wohl in der Situation?

3 Leitgedanke und Stoffordnung

Versetze dich in die Figur und überlege: **Was will die Figur mitteilen?** Will sie z. B. anklagen, um Verständnis bitten, ihre Gefühle schildern? Notiere, was **Anlass** und **Ziel** deines Textes aus Sicht der Figur sind, z. B.
- Anlass: Missverständnis → Ziel: Klärung,
- Anlass: Streit → Ziel: Versöhnung,
- Anlass: ausweglose Situation → Ziel: Entschluss zu handeln,
- Anlass: Ungerechtigkeit → Ziel: Anklage.

Bringe nun deine Überlegungen in eine sinnvolle **Reihenfolge** und lege fest, was du in Einleitung, Hauptteil und Schluss schreiben möchtest. Achte dabei auf die logischen und inhaltlichen Zusammenhänge.
- In der **Einleitung** knüpfst du an die Ausgangssituation an und nennst den Anlass.
- Im **Hauptteil** führst du zum Ziel deines Schreibens hin und begründest es.
- Für den **Schluss** überlegst du dir einen „Ausstieg", der zum Ziel des Schreibens passt, z. B. kannst du in einem persönlichen Brief noch einmal um Verständnis bitten oder dich im Voraus für die erbetene Unterstützung bedanken.

4 Merkmale der Schreibform

Stelle folgende Überlegungen zur geforderten Schreibform an:
- Welche **äußere Form** verlangt die Schreibform?
  Welche Anforderungen gelten für den **Aufbau**?
- Welche **sprachlich-stilistische Form** verlangt die Schreibform?

5 Schreiben des Aufsatzes

Beim Schreiben des Aufsatzes ist es wichtig, dass du alle sprachlichen und formalen Merkmale der geforderten **Schreibform** beachtest. Denke daran, dass du **Ausgangssituation, Anlass** und **Ziel** in deinem Text anschaulich und nachvollziehbar darstellst. Halte dich dabei genau an die **Reihenfolge**, die du in deiner Stoffordnung festgelegt hast.

8.1 Persönlicher Brief

Wenn du einen persönlichen Brief als produktive Textaufgabe zu einem literarischen Text verfassen sollst, musst du dich in die Situation der **Figur hineinversetzen, die den Brief schreibt**. Dann kommt es darauf an, dass du dich mit der Ausgangslage, die der Text bietet, identifizierst und die Gefühle, Gedanken und Eindrücke so schilderst, als ob du die betreffende Person wärst. Verwende dazu die **Ich-Form**.
Versetze dich auch in die literarische **Figur, die den Brief empfängt**. Frage dich, was sie weiß oder wissen könnte, und beziehe dich darauf. Nimm auf ihre Gefühle Rücksicht, auch wenn du sie kritisierst. Wenn du selbst an eine literarische Person schreiben sollst, gilt dies ebenso.
Dabei solltest du eine **Sprachebene** wählen, die nicht nur dem Absender, sondern auch dem Adressaten entspricht.
Allgemeine Merkmale eines persönlichen Briefs und grundsätzliche Hinweise zum Vorgehen findest du zudem im Kapitel 5.1 (→ S. 70–73).

Wie gehst du bei einem persönlichen Brief vor?

Aufgabenstellung:
Grundlage der Aufgabe ist der Text „Arbeitslos" von S. 98 ff. Lies diesen Text noch einmal und bearbeite die folgende Aufgabe: Der Vater schreibt seinem Sohn nach der Heimkehr einen Brief, in dem er ihm seine Gedanken und Gefühle schildert und ihn um Verständnis bittet. Schreibe diesen Brief.

1 Den Text genau lesen und die Aufgabenstellung klären

Überlege, was die Aufgabenstellung von dir verlangt.

Schreibform: *persönlicher Brief*
literarische Figur: *Vater, der seinem Sohn einen Brief schreibt*
Inhalt: *Gedanken/Gefühle des Vaters, Bitte um Verständnis für sein Handeln*
Textstelle: *ab Z. 64, nachdem der Vater wieder heimgekehrt ist*

2 Stoffsammlung

Markiere alle **Textstellen**, die dich auf die **Situation** und die **Gefühle** des Vaters hinweisen, und notiere stichwortartig deine Überlegungen.

Arbeitslosigkeit → Vater ist verzweifelt (Z. 2 f.), schämt sich, fühlt sich nutzlos (Z. 13–19), kümmert sich immer weniger um Familie (Z. 25–29), vernachlässigt sein Äußeres (Z. 33 f.) usw., fühlt sich evtl. schuldig gegenüber der Familie → kommt, ohne etwas zu sagen, nicht nach Hause

3 Leitgedanke und Stoffordnung

Überlege, was der Vater seinem Sohn mitteilen will. Notiere **Anlass** und **Ziel** des Briefs.

Anlass: *Arbeitslosigkeit des Vaters, Wegbleiben von Zuhause, Heimkehr*
Ziel: *Der Vater möchte z. B. den Sohn um Verständnis für sein Fortbleiben bitten, ihm erklären, warum er seine Situation als ausweglos empfunden hat, und sich bei ihm für sein Verschwinden entschuldigen.*

Lege nun den **Aufbau** des Briefs fest:

Einleitung: *Entschuldigung dafür, dass sich der Sohn Sorgen über sein Verschwinden machen musste*
Hauptteil: *Begründung, warum ihn die Arbeitslosigkeit in eine so verzweifelte Lage gebracht hat, warum er sich nutzlos vorkommt usw.*
Schluss: *Bitte um Verständnis, Hoffnung, dass er mithilfe der Familie die schwierige Situation in den Griff bekommt*

4 Merkmale der Schreibform

Überlege, welche **Anforderungen ein persönlicher Brief** erfüllen muss (→ S. 70–73). Achte auch darauf, dass Form und Sprache zum Absender (Vater) und Empfänger (Sohn) passen.

äußere Form und Aufbau: *Ort, Datum, Anrede, Einleitung, Hauptteil, Schluss, Grußformel, Unterschrift usw.*
Sprache: *freundlich-verbindlicher Ton (persönliche Anrede des Empfängers, Fragen, Hinweise auf gemeinsame Erlebnisse, mitfühlende Äußerungen)*

5 Schreiben des Aufsatzes

Formuliere nun den persönlichen Brief des Vaters an den Sohn:

Neudorf, 4. März 2008

Lieber Markus,
zunächst möchte ich dich um Entschuldigung dafür bitten, dass du dir wegen meines Verschwindens unnötig Sorgen machen musstest. Ich kann nachempfinden, was in dir vorgegangen sein muss, wenn dein Vater einfach spurlos verschwindet. Es ist sicherlich für dich nicht leicht, mit mir und meiner miserablen Stimmung umzugehen. Deshalb will ich versuchen, dir zu erklären, warum ich mich so nutzlos fühle und warum mein Leben mir so sinnlos vorkommt, seit ich meine Arbeit verloren habe. Ich habe es einfach nicht mehr zu Hause ausgehalten, habe unter euren Blicken gelitten und den Versuchen, mich aufzuheitern (…)

8.2 Tagebucheintrag

Eine besonders **persönliche Form** von Texten sind Tagebucheinträge, da der Verfasser nicht nur über seine Erlebnisse und Erfahrungen schreibt, sondern einem Tagebuch auch die geheimsten **Gedanken** und **Gefühle** anvertraut. Adressat ist an sich der Tagebuchschreiber selbst. Tagebücher werden verfasst, um über Gefühle nachzudenken, oft auch um sich Probleme und Sorgen von der Seele zu schreiben oder besondere Glücksmomente im Leben festzuhalten. Sie dienen auch der Erinnerung, da man alles hineinschreibt, was man nicht vergessen will.
Wegen der „Privatheit" dieser Textform bist du in der **sprachlichen Formulierung sehr frei**. Hier sind verkürzte Sätze, Ausrufe, Gedankensprünge möglich. Da du dich normalerweise in eine Figur aus dem Text und deren Lebenslage hineinversetzen musst, sollte die Sprache auch **zur Figur passen**. Schreibe in der **Ich-Form**.

Wie gehst du bei einem Tagebucheintrag vor?

Aufgabenstellung:
Die Tochter Maria schreibt einen Tagebucheintrag, nachdem ihr Vater ihr nicht bei den Hausaufgaben geholfen hat. Schreibe den Tagebucheintrag.

1 Den Text genau lesen und die Aufgabenstellung klären

Sieh dir die Aufgabenstellung nach dem Lesen des Textes genau an.

Schreibform: *Tagebucheintrag*
literarische Figur: *Tochter, die Vater um Hausaufgabenhilfe gebeten hat*
Inhalt: Gedanken/Gefühle der Tochter, nachdem der Vater nicht auf ihre Bitte eingegangen ist
Textstelle: *Z. 26–29; Vater hat nur auf die Hausaufgaben „draufgestarrt, aber nichts gesehen" und stattdessen „Kreuzworträtsel … gelöst".*

2 Stoffsammlung

Markiere alle **Textstellen**, die dich auf die **Situation** und die **Gefühle** der Tochter hinweisen. Notiere stichwortartig deine Überlegungen.

Vater nimmt die Hausaufgaben nicht wahr (Z. 27 f.), weil er offensichtlich keine Kraft mehr hat, sich anderen Dingen zu widmen und die Bedürfnisse seiner Tochter wahrzunehmen → Tochter ist enttäuscht, fühlt sich zurückgewiesen. Auch als der Vater fortbleibt, geht es der Tochter nicht gut, sie sieht „furchtbar klein aus" und ist „müde" (Z. 45), sie macht sich eigene Gedanken und glaubt, dass sich der Vater vor der Familie schämt (Z. 52).

3 Leitgedanke und Stoffordnung

Überlege, welche Gedanken und Gefühle die Tochter ihrem Tagebuch mitteilen will und welchen Zweck der Tagebucheintrag erfüllt. Notiere **Anlass** und **Ziel** des Tagebucheintrags.

Anlass: *keine Unterstützung durch den Vater bei den Hausaufgaben*
Ziel: *Die Tochter möchte sich die Enttäuschung über das Verhalten des Vaters von der Seele schreiben und ihre Sorgen um den Vater ausdrücken.*

Lege nun den **Aufbau** des Tagebucheintrags fest:

Einleitung: *z. B. kurze Zusammenfassung der Situation in der Familie*
Hauptteil: *z. B. Enttäuschung und Verletztheit, weil der Vater sich nicht um sie kümmert, Traurigkeit über die Niedergeschlagenheit des Vaters*
Schluss: *z. B. Hoffnung auf mehr Zuneigung vonseiten des Vaters und auf bessere Stimmung in der Familie*

4 Merkmale der Schreibform

Denke nun über die **Anforderungen eines Tagebucheintrags** nach. Achte auch darauf, dass die Sprache zur Verfasserin des Tagebucheintrags (Tochter) passt.

äußere Form und Aufbau: *Datum, evtl. Anrede „Liebes Tagebuch" o. Ä., Einleitung, Hauptteil, Schluss*
Sprache: *gefühlsbetonte Sprache aus der Sicht eines Kindes/Jugendlichen, unvollständige Sätze, Ausrufe zur Veranschaulichung von Gefühlen usw.*

5 Schreiben des Aufsatzes

Nach diesen Vorarbeiten kannst du den Tagebucheintrag sicher ohne Probleme formulieren.

28. Februar 2008

Liebes Tagebuch,
seit mein Vater arbeitslos ist, wird es bei uns immer schlimmer. Papa sitzt den ganzen Tag rum, löst doofe Kreuzworträtsel und tut sonst nichts. Mag er uns überhaupt noch? Und heute, heute habe ich ihm meine Hausaufgaben zum Anschauen gegeben. Er hat nicht einmal was gesagt, nur so getan, als ob er sie durchlesen würde. Und dann wieder nur in sein Kreuzworträtsel gestarrt. Das hat mir richtig wehgetan. (…)

8.3 Fortsetzung eines Textes

Wichtig ist, dass du einen möglichst „nahtlosen“ **Übergang** vom literarischen Text zu deiner Fortsetzung herstellst. Dies gelingt dir dadurch, dass du die **Sprache** weitgehend an den Ausgangstext angleichst und den **Inhalt** glaubwürdig fortführst. Auch hier ist es entscheidend, dass du die Ausgangssituation der Figuren, ihren Charakter, ihre Gefühlslage und ihre Verhalten genau analysierst. Überlege genau, wie sich die **Figuren** in deiner Fortsetzung am ehesten **weiterentwickeln** könnten. Manchmal wird auch verlangt, dass du den Text **aus der Sicht einer bestimmten Figur weitererzählst**. Dann musst du dich in diese Person hineinversetzen und überlegen, wie sie denken und handeln könnte. In diesem Fall schreibst du deine Fortsetzung in der Ich-Form.

TIPP: Die **Zeitstufe** entspricht der des Ausgangstextes. Endet der Text z. B. im Präteritum, setzt du ihn in der Regel auch im Präteritum fort.

Wie gehst du bei einer Fortsetzung des Textes vor?

Aufgabenstellung:
Du erhältst nur den Textausschnitt Z. 1–64 bis zu der Stelle „... ganz grau im Gesicht.“ und kennst den weiteren Fortgang der Handlung nicht. Schreibe eine eigenständige Fortsetzung des Textes.

1 Den Text genau lesen und die Aufgabenstellung klären

Nachdem du den Text genau gelesen hast, überlegst du auch hier, was die Aufgabenstellung von dir verlangt.

Schreibform: *Fortsetzung der Kurzgeschichte „Arbeitslos“*
literarische Figur: *ist hier der Erzähler (Sohn)*
Inhalt: *mögliche Weiterentwicklung der Handlung nach Rückkehr des Vaters*
Textstelle: *ab Z. 64, als der Vater wieder da stand.*

2 Stoffsammlung

Markiere wichtige **Textstellen**, die etwas über die **Stimmung** und das **Verhalten** der beteiligten Figuren (einerseits Vater, andererseits Mutter und Kinder) aussagen. Halte deine Überlegungen stichwortartig fest.

Stimmung und Verhalten des Vaters vor dem Verschwinden: ist verzweifelt, fühlt sich nutzlos, zieht sich zurück, ist nicht ansprechbar (z. B. Z. 26, 41).
Stimmung und Verhalten von Mutter und Kindern nach Verschwinden des Vaters: sind in Sorge, nervös, ratlos, machen sich Vorwürfe (Z. 42–63).

3 Leitgedanke und Stoffordnung

Denke darüber nach, wie die Geschichte sinnvoll fortgesetzt werden könnte. Notiere **Ausgangspunkt** und **Inhalt** der Fortsetzung.

> ***Ausgangspunkt:*** *Heimkehr des Vaters*
> ***Inhalt:*** *z. B. Freude und Erleichterung über die Rückkehr des Vaters → offenes Gespräch in der Familie → Ergebnis: Familie hält zusammen und hilft dem Vater, besser mit seiner Situation zurechtzukommen*

Halte nun die einzelnen **Erzählschritte** der Fortsetzung fest:

> 1 *Freude bei den Kindern, Erleichterung bei der Mutter, sie weint.*
> 2 *Vater ist erleichtert, dass seine Frau ihm keine Vorwürfe macht.*
> 3 *Vater spricht über seine hoffnungslose Stimmung.*
> 4 *Mutter und Kinder erzählen, wie sie das Verhalten des Vaters belastet.*
> 5 *Man beschließt, zusammenzuhalten und offener zueinander zu sein.*

4 Merkmale der Schreibform

Vor dem Schreiben überlegst du noch, welche **Anforderungen** du bei der **Fortsetzung einer Kurzgeschichte** erfüllen musst.

> ***Aufbau:*** *sinnvolle Fortführung des Geschehens nach der Rückkehr des Vaters, z. B. Freude, Erleichterung, offenes Gespräch oder Vorwürfe*
> ***Sprache:*** *Anpassung der Sprache an das Original, z. B. kurze Sätze, viele „und-Verknüpfungen", unvollständige Sätze, häufig wörtliche Rede usw.*
> ***Erzählperspektive:*** *aus Sicht des Jungen → Wie erlebt er das weitere Geschehen?*
> ***Merkmale einer Kurzgeschichte:*** *offenes Ende, also nicht unbedingt ein abschließendes Ergebnis, es kann auch einiges nur angedeutet werden*

5 Schreiben des Aufsatzes

Setze nun den Text an der vorgegebenen Stelle fort:

> *Maria war die Erste, bei der sich die Anspannung löste und die zu ihm hinlief. „Du brauchst dich nicht vor uns zu schämen", sagte sie und versuchte ihn über die Türschwelle zu ziehen. Mein Vater nickte stumm und trat auf Mutter zu. Sie umarmte ihn und weinte, wohl weil dieses lähmende Warten nun ein Ende hatte. „Warum?", flüsterte sie, „warum läufst du vor deiner Familie davon?" „Wir schaffen das doch zusammen", brachte ich hervor. Und mein Vater schien sich etwas zu entspannen, in sein Gesicht war etwas Leben gekommen. „Ich bin froh, dass ich wieder bei euch bin." (…)*

8.4 Innerer Monolog

Ein innerer Monolog ist eine Art „**Gespräch**", das eine Person **in ihrem Inneren** mit sich selbst führt. Das heißt, es ist nur dargestellt, was die Person denkt und fühlt. Wenn du die **Gedanken** und **Gefühle** einer literarischen Figur in einer bestimmten Situation wiedergibst, stehen diese immer in engem **Zusammenhang mit dem Textinhalt**. Du greifst also auf, was im Ausgangstext vorgegeben ist und formulierst den inneren Monolog so, dass er einerseits zur literarischen Person und andererseits zur gesamten Textaussage passt.
Das Ziel des inneren Monologs ist nicht die Information über ein Geschehen, sondern er zeigt, wie ein Geschehen auf eine Person wirkt. Dabei kannst du auch **Gedankensprünge** einplanen, denn sie gehören zum inneren Monolog. Sprachlich kannst du dies z. B. mithilfe von verkürzten Sätzen und Ausrufen veranschaulichen. Achte auch hier wieder darauf, dass die Ausdrucksweise **zur literarischen Person passt**. Formuliere in der **Ich-Form**.

Wie gehst du bei einem inneren Monolog vor?

Aufgabenstellung:
Wie fühlt sich die Mutter, als sie nachts am Fenster sitzt (Z. 58 f.)? Schreibe ihre Gedanken und Gefühle in Form eines inneren Monologs auf.

1 Den Text genau lesen und die Aufgabenstellung klären

Nach dem Lesen des Textes fragst du dich, was in der Aufgabenstellung von dir gefordert wird.

Schreibform: *innerer Monolog*
literarische Figur: *Mutter*
Inhalt: *Gedanken und Gefühle der Mutter*
Textstelle: *ab Z. 58, als die Mutter „die ganze Nacht am Fenster" sitzt, nachdem der Vater verschwunden ist*

2 Stoffsammlung

Markiere alle **Textstellen**, die dich auf die **Situation** und die **Gefühle** der Mutter hinweisen. Notiere stichwortartig deine Überlegungen.

unerwartetes Fortbleiben des Vaters → Mutter macht sich Sorgen und ruft bei anderen an (Z. 43), befürchtet, dass der Vater die Familie verlassen hat (Z. 48), wartet schlaflos am Fenster (Z. 58 f.) usw.

3 Leitgedanke und Stoffordnung

Überlege, welche Gedanken und Gefühle die Mutter während dieser Nacht beschäftigen. Notiere **Anlass** und **Ziel** des inneren Monologs.

Anlass: *Mutter fühlt sich verlassen und sie wartet schlaflos auf die Rückkehr des Vaters*
Ziel: *In ihren Gedanken versucht sie, Klarheit über sein Verschwinden zu bekommen. Evtl. macht sie sich auch Vorwürfe, weil sie zu wenig auf die Probleme ihres Ehemanns eingegangen ist.*

Für den Aufbau des inneren Monologs hältst du am besten die einzelnen **Gedankenschritte** fest.

1 *Vermutungen, dass etwas passiert sein könnte*
2 *sorgenvolles Nachdenken über die Gründe des Fortbleibens*
3 *schmerzhafte Vermutung, er habe sie und die Familie verlassen, weil sie ihm in der seelischen Notlage keine Hilfe waren*
usw.

4 Merkmale der Schreibform

Setze dich nun mit den **Anforderungen eines inneren Monologs** auseinander. Achte auch darauf, dass die Sprache zur Verfasserin des inneren Monologs (Mutter) passt.

Aufbau: *nicht so festgelegt, Reihenfolge der Gedankenschritte*
Sprache: *gefühlsbetonte Sprache (hier aus der Sicht eines Erwachsenen), unvollständige Sätze, Ausrufe zur Veranschaulichung von Gedankensprüngen, Gefühlen usw.*

5 Schreiben des Aufsatzes

Schreibe im Anschluss an diese Überlegungen den inneren Monolog der Mutter in der Ich-Form. Veranschauliche, wie das Geschehen (Verschwinden des Vaters) auf die Mutter wirkt, welche Gedanken ihr während der Nacht durch den Kopf gehen und wie sie sich dabei fühlt.

Nun ist es schon halb Drei … Und immer noch nichts, kein Anruf, keine Spur! Er ist einfach weg, hat sich aus dem Staub gemacht … Die Kneipen haben längst zu. Vielleicht hatte er ja einen Unfall? Aber dann hätten sie längst angerufen. Gott, ich halte diese Ungewissheit nicht mehr aus! Einfach weglaufen, warum? Was habe ich falsch gemacht? (…)

8.5 Dialog

Ein Dialog ist ein **Gespräch zwischen zwei Menschen**. Bei einer produktiven Textaufgabe sprechen zwei literarische Figuren miteinander. Hier ist es nötig, dass du die Ausgangssituation beider Personen genau klärst und dir überlegst, in welcher Stimmung sich beide befinden und was sie erreichen möchten. Sie können sich z. B. über ihre Situation unterhalten oder nach Auswegen suchen. Auf jeden Fall muss der **Inhalt** des Gesprächs genau zur **Situation** passen, die der Text vorgibt. Entscheidend für einen Dialog ist der **mündliche Sprachgebrauch**. Dazu gehören z. B. Fragen, Ausrufe und unvollständige Sätze. Es ist auch möglich, dass ein Gesprächspartner den anderen unterbricht. Achte darauf, dass die Sprache **für beide Gesprächspartner angemessen** ist. Wenn der Ausgangstext wörtliche Rede enthält, kannst du dich an diesem Stil orientieren. Mitunter kannst du auch **Regieanweisungen** in Klammern nach dem Namen des Sprechenden einfügen. Damit drückst du aus, wie jemand spricht oder was er in dem Augenblick tut. Als Zeitstufe verwendest du in der Regel das **Präsens**.

Wie gehst du bei einem Dialog vor?

Aufgabenstellung:
Wie könnte sich das Gespräch zwischen Vater und Sohn (Z. 30–35) weiterentwickelt haben. Schreibe einen Dialog zwischen Vater und Sohn.

1 Den Text genau lesen und die Aufgabenstellung klären

Sieh dir die Aufgabenstellung nach dem Lesen des Textes genau an.

Schreibform: *Dialog zwischen zwei literarischen Figuren*
literarische Figuren: *arbeitsloser Vater und Sohn*
Inhalt: *Gespräch über die Hintergründe der Entlassung des Vaters*
Textstelle: *ab Z. 30, als der Sohn nach dem Grund für die Entlassung fragt*

2 Stoffsammlung

Markiere alle **Textstellen**, die dir Hinweise zur **Situation der beiden Gesprächspartner** geben. Notiere stichwortartig deine Überlegungen.

Situation des Vaters: *Er ist leicht reizbar, weigert sich, das Haus zu verlassen, zieht sich zurück usw. (z. B. Z. 23–29)*
Situation des Sohnes: *Er mag den Vater, doch die Arbeitslosigkeit und das Verhalten des Vaters belasten ihn, er kann ihn oft nicht verstehen (Z. 18. f.).*

3 Leitgedanke und Stoffordnung

Überlege, worüber Vater und Sohn sprechen und was sie sich gegenseitig mitteilen wollen. Notiere **Anlass** und **Ziel** des Dialogs.

Anlass: *Der Sohn möchte wissen, warum der Vater entlassen wurde und versteht nicht, wie sich der Vater verhält.*
Ziel: *Der Vater könnte z. B. erklären, warum er so mutlos ist. Der Sohn könnte seinem Vater das Gefühl vermitteln, dass er ihn dennoch gern hat, und ihn aufmuntern, das Leben wieder selbst in die Hand zu nehmen.*

Lege nun den **Aufbau** des Dialogs fest und plane die **Dialogschritte**.

1. *Der Sohn findet die Entlassung ungerecht.*
2. *Der Vater erklärt, dass er nicht mehr die Arbeitsleistung erfüllen kann.*
3. *Der Sohn zeigt dem Vater, dass er ihn gern hat, und versucht, ihn aufzumuntern.*
4. *Der Vater erklärt, was die Arbeitslosigkeit in ihm ausgelöst hat usw.*

4 Merkmale der Schreibform

Beschäftige dich nun mit den **Anforderungen eines Dialogs**. Beachte auch, dass die Sprache zu den Gesprächspartnern (Vater, Sohn) passt.

Aufbau: *nicht so festgelegt, Reihenfolge der Dialogschritte*
Sprache: *mündlicher Sprachgebrauch mit Fragen, Ausrufen, umgangssprachlichen Wendungen; Regieanweisungen usw.*

5 Schreiben des Aufsatzes

Nach diesen Vorarbeiten formulierst du den Dialog.

Sohn: Ach, das kann doch nicht der Grund sein, die anderen hatten auch nicht alle Rheuma!
Vater (resigniert): Das ist denen da oben so oder so egal.
Sohn: Ich finde es echt ungerecht, zuerst machen die dich krank und dann schmeißen sie dich raus!
Vater: Tja weißt du, ich kann einfach nicht mehr die Leistung bringen, die von mir erwartet wird.
Sohn (entrüstet): Aber dann kannst du vielleicht in einem anderen Bereich eingesetzt werden! Hast du das schon mal deinem Chef vorgeschlagen?
Vater (zögernd): Nein, … noch nicht. Das versteht der sowieso nicht.
Sohn: Doch bestimmt! Du kannst doch nicht gleich vom Schlimmsten ausgehen. Versuch es doch wenigstens mal! (…)

8.6 Übertragung in eine andere Textsorte

Wenn du einen vorgegebenen Text in eine andere Textsorte übertragen sollst, musst du zwei Schwierigkeiten bewältigen:

- Zum einen musst du das im Originaltext dargestellte **Geschehen** Schritt für Schritt rekonstruieren. Berücksichtige also alle wesentlichen **Informationen** des Ausgangstextes.
- Zum anderen musst du deine Darstellung an die neue Textsorte anpassen. Beachte also genau die **Merkmale der Textsorte**.

Es könnte z. B. verlangt sein, dass du den Inhalt einer Ballade (Erzählgedicht) in einen Bericht umwandeln sollst (sachlich, genau, nur das Wesentliche erfassend, unter Beachtung der W-Fragen, → S. 49–52).

Wie gehst du beim Übertragen in eine andere Textsorte vor?

Aufgabenstellung:
Verwende die Informationen aus der Kurzgeschichte „Arbeitslos“ und schreibe einen Zeitungsbericht mit der Schlagzeile „Familienvater spurlos verschwunden“.

1 Den Text genau lesen und die Aufgabenstellung klären

Lies zunächst den Ausgangstext aufmerksam durch und überlege dann, was in der Aufgabenstellung von dir verlangt wird.

Schreibform: *Zeitungsbericht*
Inhalt: *Antworten auf wichtige W-Fragen, Erklärungen, Hintergründe*
Textstelle: *bis Z. 58, als bekannt wird, dass der Vater verschwunden ist*

TIPP: Der Zeitungsbericht ist nicht aus Sicht einer literarischen Figur geschrieben. Stattdessen musst du dich in einen Journalisten hineinversetzen, der den Bericht verfasst.

2 Stoffsammlung

Markiere alle wichtigen Einzelheiten im Text, die du für einen Bericht benötigst (→ S. 49–52). Orientierte dich dabei an den **W-Fragen** und notiere deine Antworten.

Was? *Vater ist verschwunden.*
Wer? *arbeitsloser Vater, Familie, zwei Kinder*
Wann? *Freitagabend*
Wo? *(nicht im Text – wähle einen möglichen Ort, z. B. Stadtteil Bruck)*

Wie? *Ohne Ankündigung*
Warum? *Der Vater hat in einem Industriebetrieb gearbeitet, ist an Rheuma erkrankt und entlassen worden, bis jetzt hat er keine neue Arbeit gefunden.*
Welche Folgen? *Familie macht sich Sorgen, Suche, Anruf bei der Polizei*

3 Leitgedanke und Stoffordnung

Überlege, was in dem Bericht mitgeteilt werden soll. Notiere **Anlass** und **Ziel** des Berichts.

Anlass: *Suche nach dem Vater*
Ziel: *Information über das Verschwinden des arbeitslosen Familienvaters*

Lege nun den **Aufbau** des Berichts fest.

Überschrift: *Schlagzeile „Familienvater spurlos verschwunden"*
Vorspann: *Beantwortung der W-Fragen Wer?, Wo?, Wann?, Was?*
Hauptteil: *Erklärung der Hintergründe und Zusammenhänge anhand der W-Fragen Wie?, Warum? und Welche Folgen?*
Schluss: *Personenbeschreibung und Aufruf an diejenigen, die den Vermissten gesehen haben*

4 Merkmale der Schreibform

Überlege, welche Merkmale bei der **Textsorte Bericht** zu beachten sind.

Aufbau: *Beantwortung der W-Fragen im Vorspann (Wer?, Wo?, Wann?, Was?) und im Hauptteil (Wie?, Warum?, Welche Folgen?)*
Beachte: Das Wichtigste steht am Anfang des Textes.
Sprache: *sachlich-informierend, ohne Kommentare und Wertungen*

5 Schreiben des Aufsatzes

Beim Schreiben des Berichts gestaltest du auch seine äußere **Form**.

Familienvater spurlos verschwunden

Neudorf (tk). *Seit Freitagabend wird der 45-jährige Familienvater Dieter F. aus dem Stadtteil Bruck vermisst. Nach Angaben seiner Ehefrau verließ er gegen 20.00 Uhr, ohne etwas zu sagen, die Wohnung. Eine Suche bei Bekannten und Verwandten und durch die Polizei hat bislang zu keinem Ergebnis geführt.*
Dieter F. ist einer der rund 100 im Januar entlassenen Mitarbeiter der Metallwerke Neudorf. Nach Angaben seiner Ehefrau hat er die Entlassung bis heute nicht verkraftet und sich immer mehr in sich zurückgezogen (…)

9 Produktiver Umgang mit Sachtexten

Auch beim produktiven Umgang mit Sachtexten wird von dir verlangt, dass du einen **eigenen Text** verfasst, der inhaltlich an einen vorgegebenen Text anknüpft. Doch hier geht es in der Regel nicht darum, dass du dich in die Perspektive einer Figur aus dem Text versetzt, sondern du schreibst aus deiner Sicht und vertrittst **deinen eigenen Standpunkt**. Bei produktiven Schreibformen zu Sachtexten handelt es sich normalerweise um **argumentative Texte**. Das heißt, du musst zum Thema oder zu einem bestimmten Problem des Ausgangstextes Stellung beziehen und **deine Meinung** mithilfe von **Argumenten** darlegen. Wichtig ist, dass du dich dabei immer auf die **vorgegebenen Aussagen** aus dem Ausgangstext beziehst und z. B. erläuterst, dass du mit diesen Aussagen übereinstimmst oder sie kritisierst.

Solche argumentativen **Schreibformen** sind beispielsweise:

- Leserbrief (→ S. 147–149)
- Aufruf (→ S. 150–151)
- Rede (→ S. 152–154)
- Reklamation (→ S. 155–158)

Merkmale des produktiven Umgangs mit Sachtexten

Wenn du deinen eigenen Standpunkt in einem produktiven Text vertreten sollst, kommt es darauf an,

- dass du die **Informationen** aus dem Ausgangstext aufgreifst,
- dass du überlegst, welche **Meinung** der **Verfasser** des vorgegebenen Textes zur Thematik hat (wenn diese aus dem Text hervorgeht),
- dass du dazu eine **eigene Meinung** einnimmst,
- dass du deinen Standpunkt mit **Argumenten** (also mit Behauptungen, Begründungen, Beispielen und Folgen/Auswirkungen, → S. 53 f.) ausführlich darstellst,
- dass du dabei auch bedenkst, wer der **Adressat** deines Textes ist und du deine Argumentation dementsprechend ausgestaltest,
- dass du zu einem abschließenden **Ergebnis** gelangst (z. B. eine Aufforderung an deine Mitschüler, sich für ein bestimmtes Anliegen einzusetzen).

Für die sprachliche Gestaltung deines Textes solltest du stets überlegen:

- **Welcher Sprachstil passt zum Adressaten** des Textes? Wie muss der Text formuliert sein, damit er den Adressaten überzeugen kann (z. B. eher höflich/sachlich oder eher provozierend/gefühlsbetont)?

- **Welcher Sprachstil passt zur Schreibform** (Textsorte)?
  Um einen Aufruf oder eine Rede wirkungsvoll zu gestalten, kannst du z. B. gehäuft Frage- und Aufforderungssätze verwenden.

Wie gehst du beim produktiven Umgang mit Sachtexten vor?

1 Den Text genau lesen und die Aufgabenstellung klären

Lies als Erstes den vorgegebenen Text **aufmerksam** durch. Überlege dann, was die **Aufgabenstellung** von dir verlangt:

- Welche **Schreibform** wird gefordert?
- **An wen** soll sich dein produktiver Text richten?
- Welche **inhaltlichen Anforderungen** sind vorgegeben?
- An welcher **Textstelle** soll dein produktiver Text anknüpfen?

2 Stoffsammlung

Markiere alle **Textstellen**, die du für deinen produktiven Text benötigst. Notiere in Stichworten,

- worum es in dem vorgegebenen Text geht **(Thema)**,
- welche **Meinung** der **Verfasser** vertritt (wenn ersichtlich),
- auf welche **Aussagen** du dich in deinem Text beziehen willst.

3 Leitgedanke und Stoffordnung

Halte fest, wie **deine Meinung** zum dargestellten Sachverhalt ist und welches **Ziel** du mit deinem Text erreichen willst:

- Willst du den Aussagen des Ausgangstextes **zustimmen** und dem Verfasser Recht geben?
- Willst du deine Ablehnung äußern und den Verfasser **kritisieren**?
- Willst du durch deine Argumente **zum Nachdenken anregen** und eine Diskussion anstoßen?
- Oder willst du ganz konkret **zum Handeln auffordern**?

Überlege nun, welche **Argumente** du vorbringen willst, und bringe sie in eine sinnvolle **Reihenfolge** (am besten vom weniger wichtigen hin zum wichtigsten Argument, → S. 54, 56). Lege nun fest, was du in Einleitung, Hauptteil und Schluss schreibst:

- In der **Einleitung** gehst du auf den **Anlass** deines Textes ein, z. B. nennst du den Zeitungsartikel, auf den sich dein Leserbrief bezieht, und sagst kurz, worum es in dem Artikel geht. Oder du stellst kurz die Problematik dar, über die du in deiner Rede sprechen möchtest. Mache bereits hier deutlich, welchen **Standpunkt** du vertrittst.

- Im **Hauptteil** führst du dann deine **Argumente** aus und versuchst so, deine(n) Adressat(en) von deinem Standpunkt zu überzeugen.
- Im **Schluss** kommst du zu einem **Ergebnis** und verdeutlichst, was du mit deinem Text erreichen willst (z. B. Aufforderung zum Handeln).

4 Merkmale der Schreibform

Stelle folgende Überlegungen zur geforderten Schreibform an:

- Welche **äußere Form** passt zur Schreibform?
  Welche Anforderungen gelten für den **Aufbau**?
- Welche **sprachlich-stilistische Form** verlangt die Schreibform?

5 Schreiben des Aufsatzes

Beim Schreiben des Aufsatzes ist es wichtig, dass du alle sprachlichen und formalen Merkmale der geforderten **Schreibform** beachtest. Denke daran, dass du deinen **Standpunkt** anschaulich und nachvollziehbar begründest und stets den/die **Adressaten** und das **Ziel** deines Textes im Auge behältst. Halte dich dabei genau an die **Reihenfolge**, die du in deiner Stoffordnung festgelegt hast.

Beispieltext

Burgdorfer Kurier **2. Mai 2008**

Einsparungen treffen vor allem Jugendliche

Burgdorf (tk). *Der große Verlierer der jüngsten Stadtratsdebatte zu den geplanten Haushaltseinsparungen ist zweifellos die Jugend der Stadt und des Umlandes. Oberbürgermeister Thon setzte mit knapper Mehrheit in der gestrigen Sitzung durch, dass unter anderem die Jugendtreffs in allen Stadtrandbezirken und der Altstadt geschlossen werden. Die Einsparungen bei Personal- und Sachaufwand beziffern die Finanzexperten mit etwa 300 000 Euro pro Jahr.*

Auch die geplante Skateranlage im Neustadtpark wird nicht gebaut, dies ist eine Ersparnis von ca. 100 000 Euro, so heißt es aus der Stadtverwaltung. Vor dem Aus steht auch der Diskobus, der am Wochenende die Außenbezirke der Stadt und das Umland regelmäßig und kostengünstig mit den großen Diskotheken verbindet und somit einen wesentlichen Beitrag für die sichere Freizeitgestaltung der Jugend leistet.

9.1 Leserbrief

In einem Leserbrief äußerst du dich zu einem vorgegebenen Zeitungsartikel. Dabei beziehst du dich auf den im Artikel dargelegten **Sachverhalt** bzw. auf die **Meinung des Verfassers** (z. B. bei einem Kommentar) und nimmst Stellung, indem du zustimmst, ergänzt, berichtigst oder kritisierst.
Wesentlich ist, dass du **deinen Standpunkt** mit Argumenten anschaulich und sinnvoll untermauerst. Beachte auch hier, dass **Argumente** jeweils aus einer Behauptung, der Begründung, einem Beispiel und ggf. dem Hinweis auf Folgen oder Auswirkungen bestehen (→ 67 f.). Einige wenige stichhaltige Argumente genügen, denn ein Leserbrief sollte in aller Regel kurz sein. In der **Einleitung** nimmst du Bezug auf den Zeitungsartikel und die Kernaussage(n), die du unterstützen oder kritisieren möchtest. Im **Schluss** kannst du einen Ausblick, eine zusammenfassende Wertung oder einen Lösungsvorschlag bringen.
Sprache und **Stil** des Leserbriefs können sowohl sachlich als auch subjektiv und emotional sein. Beachte aber, dass du stets höflich bleibst und keine umgangssprachlichen Formulierungen verwendest.
Für die äußere **Form** und den **Aufbau** gelten die gleichen Anforderungen wie beim **sachlichen Brief** (→ S. 74–76).

Wie gehst du bei einem Leserbrief vor?

Aufgabenstellung:
Verfasse einen Leserbrief, in dem du dich mit dem Inhalt der Zeitungsnachricht auseinandersetzt.

1 Den Text genau lesen und die Aufgabenstellung klären

Nachdem du den Text aufmerksam gelesen hast, überlegst du, was die Aufgabenstellung von dir verlangt.

Schreibform: *Leserbrief*
Adressat: *Zeitungsredaktion, vor allem aber andere Leser der Zeitung*
Inhalt: *begründete Meinungsäußerung zu den Einsparungen*

2 Stoffsammlung

Notiere das **Thema** des Zeitungsartikels, die **Textaussagen**, auf die du dich in deinem Leserbrief beziehen willst, und dein Überlegungen dazu.

TIPP: Eine Meinung des Verfassers geht aus einer Zeitungsnachricht nicht hervor.

Thema *des Zeitungsartikels:*
Einsparungen im Stadthaushalt betreffen vor allem die Jugendlichen
Wichtige Aussagen *aus dem Zeitungsartikel:*
„Jugendtreffs in allen Stadtrandbezirken und der Altstadt" werden geschlossen (Z. 7 f.) → keine Anlaufstellen mehr für Jugendliche
„geplante Skateranlage ... wird nicht gebaut" (Z. 11) → Jugendliche müssen auf öffentliche Plätze ausweichen
„Vor dem Aus steht auch der Diskobus, der ... regelmäßig und kostengünstig" am Wochenende fährt und wichtig für eine „sichere Freizeitgestaltung der Jugend" ist (Z. 13–15) → Jugendliche fahren mit dem eigenen Auto oder bei anderen mit → evtl. höhere Unfallgefahr

3 Leitgedanke und Stoffordnung

Halte fest, wie **deine Meinung** zum dargestellten Sachverhalt ist und welches **Ziel** du mit deinem Text erreichen willst.

Meinung: *Die Einsparungen im Jugendbereich sind überzogen und falsch*
Ziel: *Appell an die Verantwortlichen, ihre Entscheidung zu überdenken*

Überlege nun, welche **Argumente** du vorbringen willst, und bringe sie in eine sinnvolle **Reihenfolge**.

Einleitung: *Die Einsparungen, über die der Artikel „Einsparungen treffen vor allem Jugendliche" berichtet, sind überzogen und falsch*
Hauptteil: *Argumente, die diese Aussage unterstützen*
1 Ohne Jugendzentren fehlen wichtige Anlaufstellen für Jugendliche
2 Ohne Skateranlage fahren Jugendliche auf der Straße (Sicherheit)
3 Ohne Diskobus organisieren Jugendliche eigene Fahrgelegenheiten (höhere Unfallgefahr)
Schluss: *Appell an die Verantwortlichen, ihre Entscheidung zu überdenken*

4 Merkmale der Schreibform

Überlege, welche **Anforderungen ein Leserbrief** erfüllen muss (vgl. dazu auch die Anforderungen an einen sachlichen Brief, → S. 74–76).

äußere Form und Aufbau: *Absender- und Empfängeradresse, Ort, Datum, Betreffzeile, Anrede, Einleitung, Hauptteil, Schluss, Grußformel, Unterschrift*
Sprache: *sachlich und höflich, mitunter auch subjektiv und emotional*

5 Schreiben des Aufsatzes

Formuliere nun den Leserbrief. Achte dabei auch auf seine äußere Form.

Sabine Lang *Neue Gasse 1* *84008 Vordorf*	Absender-adresse
An die Lokalredaktion *des Burgdorfer Kuriers* *Medienstraße 44* *84001 Burgdorf*	Empfänger-adresse
Vordorf, 3. Mai 2008	Ort, Datum
Bericht zu Einsparungen im Jugendbereich vom 2. 5. 2008	Betreffzeile
Sehr geehrte Damen und Herren,	Anrede
zum gestrigen Artikel „Einsparungen treffen vor allem Jugendliche“ möchte ich mich als Betroffene zu Wort melden. Offenbar schränken die Sparmaßnahmen der Stadt besonders uns Jugendliche ein.	Einleitung: Zeitungsartikel Thema
Jedem ist klar, dass es ohne Einsparungen nicht geht, aber was der Stadtrat beschlossen hat, ist ein großer Einschnitt in die Jugendförderung und deswegen entschieden abzulehnen. Auch wenn dadurch 400 000 Euro mehr für den Stadthaushalt bleiben, sollte man doch auch an die Folgen für uns Jugendliche denken.	Standpunkt
Durch Schließung mehrerer Jugendzentren verlieren wir wichtige Anlaufstellen zur sinnvollen und betreuten Freizeitgestaltung. Wo sollen wir uns in Zukunft treffen, um mit Gleichgesinnten Spaß zu haben?	Argument 1
Durch die Entscheidung, die Skateranlage nicht zu bauen, ist die Jugend gezwungen, auf öffentliche Straßen und Plätze auszuweichen. Dort sind aber die Skater den Gefahren durch den Verkehr ausgesetzt und sie gefährden ihrerseits die Fußgänger. Da sind Unfälle und Konflikte direkt vorhersehbar.	Argument 2
Genauso problematisch ist die Absicht, den Diskobus einzustellen. Das bedeutet einen enormen Verlust an Sicherheit für jeden Diskogänger. Man ist wieder auf das eigene Auto oder auf Mitfahrgelegenheiten angewiesen. Und gerade als Mitfahrer riskiert man, dass der Fahrer alkoholisiert ist. (…)	Argument 3
Herr Oberbürgermeister und lieber Stadtrat, bitte vergessen Sie nicht, dass Jugendliche Ihre Wähler von morgen sind!	Appell
Mit freundlichen Grüßen	Grußformel
Sabine Lang	Unterschrift

9.2 Aufruf

In einem Aufruf möchtest du vor allem **appellieren** und **zum Handeln auffordern**. Du wendest dich in **Form eines Briefs**, der in einer Zeitung abgedruckt wird, oder in Form einer **Rede** an die Öffentlichkeit und äußerst dabei eine Bitte, übst Kritik, legst Missstände offen oder bringst Veränderungsvorschläge.
Bei der **sprachlichen Gestaltung** musst du besonders die **Adressaten** im Blick haben und sie mithilfe von Aufforderungs- und Fragesätzen direkt ansprechen. Dein sprachlicher Ausdruck sollte auf jeden Fall engagiert wirken. Je nach Anlass kannst du eher sachlich oder eher gefühlsbetont argumentieren.

TIPP: Achte darauf, dass du deine Adressaten nicht unsachgemäß manipulierst und keine Vorurteile verwendest.

Wie gehst du bei einem Aufruf vor?

Aufgabenstellung:
Du wendest dich in einem Aufruf an den Stadtrat und setzt dich darin für die geplante Skateranlage ein. Schreibe diesen Aufruf in Form eines Briefs.

1 Den Text genau lesen und die Aufgabenstellung klären

Nach dem Lesen des Textes fragst du dich, was in der Aufgabenstellung von dir gefordert wird.

Schreibform: *Aufruf in Briefform*
Adressat: *Stadtrat*
Inhalt: *Aufforderung, den Stadtratsbeschluss, die Skateranlage nicht zu bauen, wieder rückgängig zu machen*

2 Stoffsammlung

Laut Aufgabe musst du dich bei deinem Aufruf nicht auf den gesamten Zeitungsartikel beziehen, sondern gehst nur von einer Aussage aus.

Aussage: *„die geplante Skateranlage im Neustadtpark wird nicht gebaut, dies ist eine Ersparnis von ca. 100 000 Euro“ (Z. 11 f.)*

3 Leitgedanke und Stoffordnung

Bei dieser Aufgabenstellung ist der **Standpunkt bereits vorgegeben**, du musst dir also keine eigene Meinung dazu bilden. Auch das Ziel deines Textes gibt dir die Aufgabenstellung bereits vor.

Meinung: *Der Beschluss, die Skateranlage nicht zu bauen, ist falsch.*
Ziel: *Appell an die Stadträte, ihren Beschluss rückgängig zu machen*

Überlege nun, welche **Argumente** du vorbringen willst und bringe sie in eine sinnvolle **Reihenfolge**.

Einleitung: *Ausdruck der Empörung über den Beschluss, die Skateranlage nicht zu bauen*
Hauptteil: *Argumente für die Notwendigkeit einer Skateranlage*
1 *Jugendliche gefährden sich und andere, wenn sie auf öffentlichen Straßen und Plätzen Skateboard fahren*
2 *Skateranlage regt die sportliche Betätigung von Jugendlichen an*
3 *Skateranlage ist ein beliebter Treffpunkt von Jugendlichen*
Schluss: *Appell an die Stadträte, ihren Beschluss rückgängig zu machen*

4 Merkmale der Schreibform

Die äußere Form hängt davon ab, ob du den **Aufruf als Brief** (→ S. 74–76, 144–146) oder als **Rede** gestaltest (→ S. 152–154). Unabhängig davon solltest du beachten:

Aufbau: *Einleitung, Hauptteil, abschließender Appell*
Sprache: *engagiert, sachlich oder gefühlsbetont (je nach Anlass/Adressat)*

5 Schreiben des Aufsatzes

Nach diesen Vorüberlegungen kannst du nun den Aufruf schreiben.

Alexander Neuner
Unter der Burg 12
84001 Burgdorf

An den Stadtrat von Burgdorf

Burgdorf, 3. Mai 2008

Sehr geehrter Stadtrat von Burgdorf,

viele Jugendliche gehen in ihrer Freizeit Sportarten nach, die nicht immer von Vereinen angeboten werden. So zum Beispiel das Skaten. Wenn Sie den geplanten Bau einer Skateranlage aus finanziellen Gründen aufgeben, weichen viele skating-begeisterte Jugendliche auf öffentliche Straßen und Plätze aus. Und welche Folgen dies haben wird, können Sie sich sicher vorstellen!? (…) Daher bitte ich Sie: Nehmen Sie ihren Beschluss zurück!

Mit freundlichen Grüßen
Alexander Neuner

9.3 Rede

Eine Rede wird eigentlich **mündlich vorgetragen**, so wie es der Name schon sagt. Im Idealfall wird sie frei gesprochen oder soll zumindest so wirken, als ob der Redner sie nicht ablesen würde. Doch häufig haben auch geübte Redner ein ausgearbeitetes Redemanuskript oder zumindest genaue Notizen vor sich liegen, woran sie sich halten können. Wenn du eine Rede als **Aufsatz** schreiben sollst, geht es natürlich darum, dass du die Rede komplett **schriftlich ausformulierst**.
Unabhängig davon, ob eine Rede nur mündlich oder auch schriftlich verfasst ist, vermittelst du mit ihr immer eine Botschaft:

- Mit einer Rede kannst du **informieren** (z. B. über die Ergebnisse der Klassensprecherversammlung). Dann hältst du einen Vortrag.
- Du kannst aber auch etwas **kommentieren** mit dem Ziel, dass sich deine Zuhörer dazu eine eigene Meinung bilden. Dies ist z. B. bei einer politischen Rede der Fall.
- Oft hat eine Rede das Ziel, an jemanden zu **appellieren** und ihn zum Handeln zu bewegen. Dies ist dann ein Aufruf (→ S. 150 f.).

TIPP: In einer Rede solltest du möglichst eine Vielzahl von **sprachlich-stilistischen Mitteln** einsetzen (z. B. Sprachbilder, Gegensätze, rhetorische Fragen). Wichtig ist vor allem, dass du anschaulich formulierst und möglichst einfache Sätze verwendest. Denn du willst ja die Aufmerksamkeit deiner Zuhörer nicht verlieren.

Wie gehst du bei einer Rede vor?

Aufgabenstellung:
In Burgdorf gibt es ein Jugendparlament, das sich einstimmig gegen die Stadtratsbeschlüsse ausgesprochen hat. Das Jugendparlament hat dich gewählt, damit du vor dem Stadtrat in einer Rede den Standpunkt des Jugendparlaments vertrittst. Formuliere diese Rede in schriftlicher Form.

1 Den Text genau lesen und die Aufgabenstellung klären

Sieh dir die Aufgabenstellung nach dem Lesen des Textes genau an.

Schreibform: *Rede (in schriftlicher Form)*
Adressat: *Stadtrat*
Inhalt: *Darlegung des Standpunkts des Jugendparlaments – die Stadtratsbeschlüsse zu den Einsparungen im Jugendbereich sind abzulehnen*

2 Stoffsammlung

Notiere das **Thema** des Ausgangstextes und die **Textaussagen**, auf die du dich in deiner Rede beziehen willst. Halte deine Überlegungen dazu fest (→ Stoffsammlung, S. 148).

3 Leitgedanke und Stoffordnung

Halte fest, welche **Meinung** du einnimmst. Als Vertreter des Jugendparlaments übernimmst du natürlich dessen Standpunkt. Die Aufgabenstellung legt dir auch nahe, welches **Ziel** du mit der Rede verfolgen sollst.

Meinung: *Standpunkt des Jugendparlaments – einstimmige Ablehnung der Stadtratsbeschlüsse*
Ziel: *Aufforderung an den Stadtrat, die Beschlüsse rückgängig zu machen*

Eine Rede beginnst du mir einer **Begrüßung** der Zuhörer (z. B. *Sehr geehrte Damen und Herren, Liebe Mitschüler*).
In der **Einleitung** weckst du das Interesse deiner Zuhörer für das Thema und sagst, worum es geht.
Für den **Hauptteil** überlegst du, welche **Argumente** du vorbringen willst, und bringst sie anschließend in eine sinnvolle **Reihenfolge**.
Zum **Schluss** fasst du noch einmal die wesentlichen Ergebnisse zusammen, bietest eine **Lösung** oder einen **Ausblick** an. Bei einem Aufruf schließt du mit einem **Appell**. Du kannst deinen Zuhörern auch signalisieren, dass du zum Ende deiner Rede kommst und z. B. sagen: *Zum Schluss möchte ich vorschlagen, …, Als Lösung wäre denkbar …, Zusammenfassend möchte ich nochmals betonen, dass …*

Einleitung: *Für die Jugendlichen entstehen enorme Probleme durch die Streichung von Finanzmitteln*
Hauptteil: *Argumente gegen die Durchführung der Sparmaßnahmen*
1 Gegen den Nicht-Bau der Skateranlage
2 Gegen die Schließung der Jugendzentren
3 Gegen die Streichung des Diskobusses
Schluss: *Aufforderung, den Beschluss rückgängig zu machen*

4 Merkmale der Schreibform

Denke darüber nach, welche **Anforderungen eine Rede** erfüllen muss.

äußere Form und Aufbau: *Anrede und Begrüßung der Zuhörer, Einleitung, Hauptteil, Schluss*
Sprache: *anschaulich, einfache Sätze, viele sprachlich-stilistische Mittel*

5 Schreiben des Aufsatzes

Formuliere nun die Rede so, wie du sie mündlich vortragen würdest.

Sehr geehrter Herr Oberbürgermeister Thon, sehr geehrte Stadträte,

als gewählter Vertreter des Jugendparlaments möchte ich zunächst meinen Dank zum Ausdruck bringen, heute hier sprechen zu können. Nichtsdestoweniger müssen aber heute auch deutliche Worte fallen. Es entstehen durch Ihre Streichungen von Finanzmitteln im Bereich der Jugendarbeit Probleme, die sowohl im gesundheitlichen als auch im sozialen Bereich heute noch gar nicht in ihren negativen Auswirkungen zu überblicken sind. – Nehmen wir als Erstes die Streichung der Skaterparkanlage! Es gibt eine Menge Sportarten, deren Ausübung in Vereinen nicht oder noch nicht möglich ist. Die bekannteste dieser Sportarten ist wohl das Skaten. Eine Sportart, die bei Jugendlichen äußerst beliebt ist und die ohne geeignete Anlagen nur auf öffentlichen Straßen und Plätzen ausgeübt werden kann. Und daher wurde ja in unserer Stadt eine erfreuliche Entscheidung gefällt: Die Stadt plante einen Skaterpark. Es wurden Umfragen gemacht. Es wurde getagt. Viele Leute überlegten sich etwas. – Und am Ende soll alles vom Tisch gewischt werden? (…)
Die Jugendtreffs! Jahrelang, Wochenende für Wochenende organisieren sich verantwortungsbewusste Jugendliche, veranstalten Partys, Feste, „holen“ andere Jugendliche von der Straße, gestalten Treffs, – und dann stehen sie alle plötzlich auf der Straße, wissen nicht wohin. Sie wissen gar nicht recht, wie ihnen geschieht. Ist das der Dank und die Anerkennung für jahrelangen ehrenamtlichen Einsatz dieser Jugendlichen? Ist das der Dank und die Anerkennung für ein Engagement, welches der Stadt, die Sie ja repräsentieren, eine Menge Geld gespart hat? (…)
Offensichtlich ist die Zahl der Unfälle in unserem Landkreis, an denen Jugendliche beteiligt sind, nicht hoch genug. Ich kann es nicht anders formulieren. Was sonst sollte der Grund dafür sein, eine der sinnvollsten Einrichtungen ersatzlos zu streichen. Wie viel ist ein Menschenleben wert? – Scheinbar weniger als die Kosten für einen funktionierenden Diskobusbetrieb. (…)
Aus diesen Gründen appelliere ich an Sie, Herr Oberbürgermeister, und auch an Sie, meine Damen und Herren Stadträte, Ihren Beschluss zu überdenken – zum Wohl der Jugendlichen. Lassen Sie uns gemeinsam Kompromisse finden! So könnten wir z. B. wenigstens einige der Jugendzentren retten und den Diskobus mit ausgedünnten Taktzeiten weiterführen!

9.4 Reklamation

Eine Reklamation ist eine **Beschwerde**. Es geht dabei um die Beanstandung von Mängeln an einer Ware. Wenn z. B. ein gekaufter Gegenstand nicht den Erwartungen laut Angebot, der Beschreibung oder den zugesicherten Eigenschaften entspricht, kann man dies **reklamieren**. Bei technischen Geräten können Mängel auch in der Ausstattung oder den Funktionen liegen, die mit der Beschreibung nicht übereinstimmen oder das Gerät ist schlicht defekt.
Eine Reklamation zielt auf die **Beseitigung des Mangels** bzw. der Mängel oder die Rücknahme des Artikels. In einem Reklamationsbrief musst du auf jeden Fall klar und deutlich vorbringen, was der **Grund** deiner Beschwerde ist und welche **Forderungen** du an den Empfänger stellst (z. B. Umtausch, Geld zurück, Ersatz, kostenlose Reparatur usw.).

Die Merkmale einer Reklamation sind:
- sachliche Sprache,
- präzise Beschreibungen des Mangels,
- Verwendung von Fachausdrücken,
- Darstellung der Forderungen mit Begründung,
- die äußere Form entspricht dem sachlichen Brief.

Wie gehst du bei der Erarbeitung einer Reklamation vor?

1 Stoffsammlung und Stoffordnung

Oft besteht die Aufgabenstellung darin, dass du mit einer Produktbeschreibung, z. B. aus einem Katalog, konfrontiert wirst und den Schreibauftrag erhältst, eine Reklamation zu verfassen, nachdem du den Gegenstand erhalten hast und feststellen musstest, dass verschiedene Mängel vorliegen.
Grundlage für deine Stoffsammlung sind die Informationen über das Produkt, wie es laut **Angebot** aussehen sollte. Markiere alle wichtigen Eigenschaften im Angebot und schreibe sie heraus. Anschließend schaust du dir an, welche **Mängel** die gelieferte Ware aufweist, wo also Angebot und Ware nicht übereinstimmen. Notiere diese Mängel ebenfalls. Jetzt musst du noch aufschreiben, welche **Absichten** du mit deiner Reklamation verfolgst und wie du diese Absichten am wirkungsvollsten durchsetzen kannst. Diese drei Punkte stellen auch dein Gerüst für die Stoffordnung und den Aufbau des Hauptteils dar.

Beispiel:
Produktinformation im Internet auf der Homepage eines Jeansversands:

Ultimative Szenejeans, absoluter Hingucker der Sommersaison!
Trage die Jeans der Promis! Nur 119 Euro!

Marke „Take Three" – Modell 4213 „Mountain Freak": Farbe dunkelblau, stark verwaschen, Abriebstellen an Knien, Oberschenkeln und Gesäß, schräg aufgesetzte Taschen, Gesäßtaschen mit Reißverschluss, Knopfverschluss – (wie abgebildet). Größen: Weite 25 bis 31, Länge 29 bis 32 lieferbar

Dazu gratis Ledergürtel von „Take Three", weiß, 4 cm breit mit Koppelverschluss im Wert von 29,95 Euro: Längen 65–95 cm

Versandkosten: 6,90 Euro

Jetzt bestellen!

Jeanswelt – Levi-Strauss-Straße 2, 84003 Burghausen

E-Mail: bestellung@jeanswelt.com

Aufgabenstellung:
*Du bestellst dir diese Jeans über das Internet und **bezahlst per Rechnung**. Beim Auspacken der Ware und dem Kontrollieren der Rechnung erlebst du folgende unliebsame Überraschungen:*

- *Die Jeans **ist hellblau**, hat **ausgefranste Hosenbeine**, die **Gesäßtaschen haben keinen Reißverschluss.***
- *der beiliegende **Ledergürtel wird mit 29,95 Euro berechnet,***
- *als **Versandkosten sind 8 Euro** ausgewiesen,*
- *der Rechnungsbetrag lautet **156,95 Euro.***

Schreibe auf der Basis dieser Angaben eine Reklamation an die Firma.

1 Stoffsammlung und -ordnung

Im ersten Schritt hältst du alle **Produktinformationen** fest, die für die Reklamation wichtig sind (im Beispiel grau hinterlegt). **Vergleiche** dazu alle Informationen aus der Aufgabenstellung, die du ebenso hervorhebst (im Beispiel bereits fett gedruckt). So erhältst du die wichtige Ausgangslage für deine Reklamation und kannst darlegen, welche Produkteigenschaften bzw. Kosten nicht deinen **Erwartungen** entsprechen. Anschließend bringst du klar und sachlich deine **Forderungen** zum Ausdruck (z. B. Umtausch oder Rücknahme der Ware, Gutschein, Preisnachlass).

2 Einleitung

Ein Reklamationsschreiben besteht aus denselben Bestandteilen wie ein **sachlicher Brief** (Briefkopf, Betreffzeile, Anrede, Aufbau usw. siehe dort).
In der Einleitung nimmst du Bezug auf deine Bestellung (W-Fragen).

Veronika Hosemann
Lange Gasse 112
12345 Wolfstädt

Firma Jeanswelt
Levi-Strauss-Str. 2
84003 Burghausen

Wolfstädt, 31. 7. 2008

Reklamation Jeans „Take Three"

Sehr geehrte Damen und Herren,

am 23. Mai 2008 habe ich bei Ihnen zu den im Internet veröffentlichten Bedingungen eine dort abgebildete und beschriebene Jeans der Marke „Take Three", Modell 4213 „Mountain Freak" bestellt.
Die Lieferung ist heute bei mir eingetroffen und gibt Anlass zu mehreren Beanstandungen.

3 Hauptteil

Nun schilderst du die in der Anzeige **beschriebenen Eigenschaften** der Hose, die **tatsächlichen Eigenschaften** der gelieferten Hose und die **Abweichungen** in der Berechnung des Gürtels und der Versandkosten. Dann leitest du über zu deiner **Forderung**, die sich für dich aus der Sachlage ergibt. Dazu zählt auch die bereits erfolgte Abbuchung des zu hohen Rechnungsbetrages. **Begründe** deine Forderung damit, dass die falsche Jeans geliefert wurde, entgegen der Zusicherung der Gürtel berechnet wurde und die Versandkosten höher waren als angegeben.
Bleibe in deiner Sprache **sachlich** und **höflich**, verleihe aber deiner Forderung einen gewissen Nachdruck.

Laut Aussage und Abbildung im Internet habe ich eine Jeans der Marke „Take Three" – Modell 4213 „Mountain Freak" bestellt, die folgendermaßen beschrieben war: Farbe dunkelblau, stark verwaschen, Abriebstellen an Knien, Oberschenkeln und Gesäß, Gesäßtaschen mit Reißverschluss. Erhalten habe ich eine Jeans in hellblau, sie hat keine Abriebstellen, ist nicht stark verwaschen und hat ausgefranste Hosenbeine. Außerdem haben die Gesäßtaschen keinen Reißverschluss.

Darüber hinaus wurde die Gratislieferung eines Gürtels der Marke „Take Three“ in weiß zugesichert. Nun finde ich diesen Gürtel berechnet. Selbst die im Internet angegebene Versandkostenpauschale liegt um 1,10 Euro über dem angegeben Preis.
Ich habe also nicht die Jeans erhalten, die ich bestellt habe. Zudem ist auf der Rechnung ein Betrag von 156,95 Euro aufgeführt, dass sind 31,05 Euro zu viel.
Weder wollte ich so eine Jeans, noch habe ich sie bestellt, auch bin ich nicht bereit, für den Gürtel etwas zu bezahlen.
Ich fordere Sie daher auf, mir innerhalb von drei Tagen verbindlich zuzusagen, dass Sie die gesamte Lieferung unfrei zurücknehmen und mir die richtige Jeans zu den angegebenen Bedingungen nachliefern.

4 Schluss

Abschließend kannst du dein Anliegen noch einmal **zusammenfassen** und vor allem deiner Forderung mit einer entsprechenden Formulierung noch etwas Nachdruck verleihen. Bleibe dabei aber immer höflich und sachlich.

Sollte ich innerhalb der nächsten drei Tage keine Reaktion auf meine Reklamation erhalten, sende ich die Lieferung unfrei zurück. Meine Bestellung möchte ich dann stornieren.

Mit freundlichen Grüßen
Veronika Hosemann

Sicher durch alle Klassen!

Ideal für Schülerinnen und Schüler an Hauptschulen zum selbstständigen Lernen: Faktenwissen und praxisgerechte Übungen mit vollständigen Lösungen.

Mathematik

Übertritt in weiterführende Schulen 4. Klasse	Best.-Nr. 990404
Mathematik Grundwissen 5. Kl.	Best.-Nr. 934051
Mathematik Grundwissen 6. Kl.	Best.-Nr. 93405
Algebra Grundwissen 7. Klasse	Best.-Nr. 934071
Geometrie Grundwissen 7. Klasse	Best.-Nr. 93402
Mathematik Grundwissen 7.–9. Klasse Baden-Württemberg	Best.-Nr. 83401
Mathematik Grundwissen 8./9. Klasse Bayern	Best.-Nr. 93401
Geometrie Grundwissen 8. Klasse	Best.-Nr. 93403
Geometrie Grundwissen 9. Klasse	Best.-Nr. 93404

Deutsch

Übertritt in weiterführende Schulen mit CD – 4. Klasse	Best.-Nr. 994402
Deutsch Grundwissen 5. Klasse	Best.-Nr. 93445
Deutsch Grundwissen 6. Klasse	Best.-Nr. 93446
Deutsch Grundwissen 7. Klasse	Best.-Nr. 93447
Textaufgabe 8.–10. Klasse	Best.-Nr. 93441
Deutsch Aufsatz 8./9. Klasse	Best.-Nr. 83440
Deutsch Grundwissen 10. Klasse	Best.-Nr. 83441
Deutsche Rechtschreibung 5.–10. Klasse	Best.-Nr. 90402
Diktate 9./10. Klasse mit 2 CDs	Best.-Nr. 93444
Arbeitsheft Deutsch 10. Klasse Hauptschule Massenmedien – Stereotype/Vorurteile	Best.-Nr. 9354011
Lexikon Kinder- und Jugendliteratur	Best.-Nr. 93443

Englisch

Englisch Grundwissen 9. Klasse	Best.-Nr. 93451
Englisch Hörverstehen 9. Klasse mit CD	Best.-Nr. 93452

Fachübergreifend

Training Grundwissen Hauptschule Geschichte, Sozialkunde, Erdkunde	Best.-Nr. 93481
Training Grundwissen Hauptschule Arbeit, Wirtschaft, Technik	Best.-Nr. 93485

Ratgeber für Schüler

Richtig Lernen Tipps und Lernstrategien 5./6. Klasse	Best.-Nr. 10481
Richtig Lernen Tipps und Lernstrategien 7. – 10. Klasse	Best.-Nr. 10482

VERA 8

VERA 8 – Mathematik	Best.-Nr. 915082
VERA 8 – Deutsch mit CD	Best.-Nr. 915482
VERA 8 – Englisch mit CD	Best.-Nr. 915582

Vergleichsarbeiten 6. Klasse

Vergleichsarbeiten Mathematik Hauptschule 6. Klasse Baden-Württemberg	Best.-Nr. 835061

Jahrgangsstufentest

Jahrgangsstufentest Mathematik Hauptschule 6. Klasse – Bayern	Best.-Nr. 935061
Jahrgangsstufentest Deutsch Hauptschule 6. Klasse – Bayern	Best.-Nr. 935461

Kompakt-Wissen

Kompakt-Wissen Hauptschule Mathematik	Best.-Nr. 934001
Kompakt-Wissen Hauptschule Deutsch Aufsatz	Best.-Nr. 934401
Kompakt-Wissen Hauptschule Englisch Themenwortschatz	Best.-Nr. 934501
Kompakt-Wissen Hauptschule Englisch Grundwortschatz	Best.-Nr. 934502

Arbeitshefte NRW

Mathematik 5. Klasse NRW Hauptschule · Gesamtschule	Best.-Nr. 5350051
Mathematik 9. Klasse NRW Hauptschule Typ B	Best.-Nr. 5350191
Mathematik 10. Klasse NRW – Hauptschule Typ B Zur Vorbereitung auf die zentrale Prüfung am Ende der Klasse 10	Best.-Nr. 5350113
Deutsch 10. Klasse NRW – Hauptschule Typ B Massenmedien Stereotype – Vorurteile	Best.-Nr. 5354111
Deutsch 10. Klasse NRW Gesamtschule GK · Hauptschule Typ A Massenmedien Stereotype – Vorurteile	Best.-Nr. 5354011

(Bitte blättern Sie um)